LES

BATARDS

DE LA

MAISON DE FRANCE

PAR

LE MARQUIS DE BELLEVAL

PARIS
LIBRAIRIE HISTORIQUE ET MILITAIRE
HENRI VIVIEN
51, RUE BLANCHE, 51

1901

LES

BATARDS DE LA MAISON DE FRANCE

LES

BATARDS

DE LA

MAISON DE FRANCE

PAR

LE MARQUIS DE BELLEVAL

PARIS
LIBRAIRIE HISTORIQUE ET MILITAIRE
HENRI VIVIEN
51, RUE BLANCHE, 51

1901

LES BATARDS

DE LA MAISON DE FRANCE

CHAPITRE PREMIER

LES CAPÉTIENS

§ I.

Hugues, évêque d'Auxerre, était, dit-on, fils naturel de Hugues, duc de France, père de Hugues Capet, et de Ringure, fille d'une modeste condition. On est bien forcé, pour une époque aussi reculée, de s'en rapporter aux on-dit pour les enfants illégitimes, puisque la condition des enfants légitimes est, à cette époque, entourée de brouillards et fort difficile à établir. Pour certains, malgré leur titre de prince, tout n'est que conjecture, et ceux qui affirment le plus énergiquement sont ceux qui sont le moins documentés. Disons donc sincèrement que les historiens de la Maison de France, qui ont le mieux fouillé la matière, ne commencent à être sûrs d'eux-mêmes et vraiment dignes de créance, qu'à partir du XIIe siècle.

Hugues mourut en 994, le 16 août, selon MM. de Sainte-Marthe, et le 23 août, selon le P. Anselme, au château de Toucy, qu'il avait fait bâtir, après vingt-cinq ans sept mois dix-huit jours d'épiscopat. Il fut inhumé dans l'église de Notre-Dame, près des murs d'Auxerre.

On le signale parmi les prélats qui assistèrent au synode tenu à Reims, en 992, et dans lequel fut déféré Arnoul, archevêque de Reims, convaincu de trahison envers Hugues Capet; ce qui ne l'empêcha pas d'être rétabli plus tard dans sa dignité, à la requête du pape Jean XV. Cet Arnould était lui-même un fils naturel du roi Lothaire.

§ 2.

Hugues Capet avait eu trois frères : Véhon, Eudes et Henry, successivement titrés ducs de Bourgogne. Henry, le troisième, avait eu un fils illégitime, nommé Eudes, vicomte de Beaune. Le roi Robert, fils de Hugues Capet, et par conséquent, son cousin-germain, par une charte datée d'Avallon, le 25 août 1005, le confirma dans le patronage de l'église de Saint-Etienne de

Beaune, que Eudes et sa femme, Hingue ou Hingade, avaient fait rebâtir et qu'ils avaient donné à Guillaume, abbé de Saint-Bénigne de Dijon.

Viguier, dans sa *Chronique de Bourgogne,* leur attribue deux fils, Aquion ou Azelin de Beaune, et Jean de Beaune, seigneurs de Marzy.

§ 3.

Le même écrivain, d'après la *Gallia Christiana,* t. II, col. 39, et l'*Histoire du Berry,* de La Thaumassière, liv. IV, n° 59, donne à Hugues Capet, un fils naturel nommé Gauzlin, ou Gaucelin, qui fut élevé au monastère de Fleury-sur-Loire, dont il devint abbé en 1004, à la recommandation du roi Robert, son frère. Adhémar de Chabanais, écrivain contemporain, constate que l'illégitimité de sa naissance, par un scrupule bien rare à cette époque, lui suscita de longs démêlés avec les moines de son abbaye, et ensuite avec les habitants du Berry, lorsqu'il fut appelé à l'archevêché de Bourges, en 1013. Gauzlin mourut le 19 novembre 1030.

Ce fut lui qui consacra et dédia l'église de Saint-Aignan, d'Orléans, fondée par le roi Robert, son frère, en 1029, assisté des archevèques de Sens et de Tours, et de plusieurs évèques. On a conservé quelques épîtres que lui a adressées Fulbert, évêque de Chartres (n°s 39,

40, 44 et 96, dans le recueil de ses Epîtres); on en connaît aussi une que Gauzlin écrivit au roi Robert au sujet d'une pluie de sang que l'on avait observée et dont il recherchait les motifs.

§ 4.

Philippe Ier, roi de France, eut quatre enfants naturels et adultérins de Bertrade de Montfort, sœur d'Amaury de Montfort, et femme de Foulques, dit le Réchin, comte d'Anjou, son parent. Ce sont :

1° Philippe, comte de Mantes et seigneur de Mehun-sur-Yèvre, qui épousa, en 1104, Elisabeth, fille de Guy Troussel, seigneur de Montlhéry. Il se révolta, en 1123, contre Louis-le-Gros qui l'assiégea dans Mehun, le fit prisonnier et le contraignit de faire sa soumission; il eut la vie sauve, mais tous ses biens furent confisqués ;

2° Flore ou Fleury, allié à *N..., dame et héritière de Nangis,* dont il eut : Elisabeth, dame de Nangis, qui épousa Ansel, seigneur de Venisy, père d'Alix, dame de Venizy, alliée à Gaucher de Joigny, seigneur de Châteaurenard, puis à André de Brienne, seigneur de Rameru ;

3° Cécile, mariée en 1106 à *Tancrède, prince de Tabarie,* fils de Guillaume de Grand-Mesnil, puis, en 1112, à *Pons de Toulouse, comte de Tripoli ;*

4° Eustache, comtesse d'Etampes et de Corbeil, femme de Jean d'Etampes, fondatrice de l'abbaye de Hierre.

§ 5.

On donne à Louis VII un fils naturel, Philippe, qui fut doyen de Saint-Martin de Tours, et, selon quelques-uns, archevêque de Tours. Il mourut en 1161. C'est à lui, dit-on, que saint Bernard adressa sa lettre 151.

§ 6.

Philippe-Auguste eut un fils naturel, Pierre Charlot, trésorier de Saint-Martin de Tours, puis évêque de Noyon, en 1240, et chancelier de Charles, roi de Sicile. La mère est inconnue. Le pape Honorius III le légitima par lettres qui étaient conservées à la Cour des Comptes. Il avait accompagné son neveu, le roi saint Louis, à son premier voyage d'Outre-Mer, et mourut peu après son retour, le 9 octobre 1249. Il fut inhumé dans le chœur de l'Eglise cathédrale de Noyon. Sur sa tombe était inscrite une épitaphe en huit vers latins.

§ 7.

On donne au roi Louis X une fille naturelle, Endeline, religieuse aux Cordelières du faubourg Saint-Marcel, à Paris. On cite à l'appui un bref du pape Jean XXII, du 10 août 1330, adressé à cette religieuse pour la louer de ce que, *par ses vertus, elle a effacé la tache de sa naissance, n'étant pas née dans un légitime mariage, mais par un commerce criminel entre le feu roi de France, Louis, libre alors, et une femme mariée.* — Ce bref la rend apte à être élue abbesse de son monastère, ou de quelqu'autre du même ordre. (*Annales des Frères mineurs*, par le P. Luc Wadding, tome III.).

CHAPITRE II

LES VALOIS

§ I.

Philippe de France, duc d'Orléans et de Touraine, comte de Valois, cinquième fils de Philippe VI dit de Valois, et par conséquent le quatrième et dernier des frères du roi Jean, mourut en 1391; il n'avait pas eu d'enfants légitimes de Blanche de France, sa femme, mais il laissa deux enfants naturels :

1° N... (on n'a pu retrouver son nom de baptême), appelé le bâtard d'Orléans, fut élevé à Bourges, auprès du duc de Berry, qui lui fit délivrer « des robes de sa livrée », en 1379. Il mourut peu après à Château-Thierry, et sa mort est constatée en ces termes dans le compte de la Chambre aux deniers du duc de Berry, pour l'année 1380 : « à Perrin Godeau, garde de la personne du feu Bâtard d'Orléans, qui est allé de vie à trespassement à Château-Thierry... tant pour les dépenses dudit feu Bâtard, lui étant malade, comme pour le faire enterrer... » ;

2° Louis d'Orléans, religieux à l'abbaye de Saint-Lucien de Beauvais, puis évêque de Beauvais, du 22 avril 1395 au 27 mars 1397.

§ 2.

Philippe de Valois lui-même aurait eu un fils illégitime, nommé Jean. Ce fait n'est mentionné que par le chroniqueur anglais Thomas Walsingham, qui affirme que ce Jean vainquit dans un combat singulier un chevalier flamand, à Ypres, en 1350.

§ 3.

Pendant sa folie, Charles VI avait pour gardienne et compagne une demoiselle d'une noble maison, nommée Odette de Champdivers : il en eut une fille, nommée Marguerite de Valois, demoiselle de Belleville, qui fut légitimée par lettres-patentes de Charles VII, de janvier 1427, et mariée à *Jean de Harpedenne,* ou Harpedane, gentilhomme d'origine anglaise, à qui elle apporta en dot et par contrat de mariage, la seigneurie de Belleville, en Poitou, et 20,000 moutons d'or. Elle était morte avant 1458. Sa postérité s'est terminée avec Claude de Harpedenne, seigneur de Belleville, gouverneur de Saintonge, tué à la bataille de Coutras, le 20 octobre 1589, sans postérité. — Les armes de Marguerite de Valois étaient *semé de France, brisé d'une barre d'or.*

§ 4.

Charles VII eut trois filles naturelles d'Agnès Sorel, fille de Jean Soreau, seigneur de Saint-Géran, et de Catherine de Maignelay. Ce furent :

1° Charlotte, bâtarde de France, alliée en 1462 à *Jacques de Brézé*, comte de Maulévrier, maréchal et grand sénéchal de Normandie. Dans une quittance qu'elle donna le 18 mai 1462, pour une somme de 160 livres, elle se dénomme « Charlotte de France, sœur naturelle du Roi ». (*Mém. de la Chambre des comptes.*) Son mari, qui l'avait surprise en adultère, la tua le 16 juin 1477, près de Dourdan, à Romiers. Elle fut inhumée dans le chœur de l'abbaye de Coulombs sous une tombe de cuivre jaune. (Jean Chartier et Chron. de Louis XI.)

2° Marguerite de France, qui fut élevée, dans sa jeunesse, au château de Taillebourg, par Prégent de Coëtivy, seigneur de Rais, de Champtocé et de Taillebourg, conseiller et chambellan du Roi, amiral de France. Elle épousa le 18 décembre 1458 *Olivier de Coëtivy*, chevalier, sénéchal de Guyenne, auquel, en faveur de ce mariage, le roi donna 12,000 écus d'or, avec tous les droits qu'il avait sur les terres de Royan et de Marnac, que Louis XI échangea, en septembre 1462, contre le château et la seigneurie de Rochefort en Saintonge. Le fils de celui-ci n'imita pas l'exemple de Charles de Coëtivy. Il conserva ses armes patronymiques sans adjonctions. Il se contenta, en vrai philosophe, des 40,000 écus d'or, qui représentaient une jolie somme. Les uns disent qu'Olivier était le fils, d'autres le frère de Prégent. Quoiqu'il en soit, cette alliance quasi-royale valut au fils qui en était issu, Charles de Coëtivy, seigneur de Taillebourg, prince de Mortagne-sur-Gironde, conseiller et chambellan du Roi, la faveur d'épouser Jeanne d'Angoulême, duchesse de Valois, fille de Jean d'Orléans, comte d'Angoulême, et de Marguerite de Rohan. Leur fille unique épousa Charles de La Trémoïlle, prince de Talmond.

En souvenir du mariage de son père, Olivier, avec Marguerite de Valois, Charles de Coëtivy écartelait ses armes, *fascé d'or et de sable de six pièces,* des armes *de France à la barre d'or brochante.* — Marguerite était morte avant 1473.

3° Jeanne de France, mariée à *Antoine de Bueil,* comte de Sancerre, avec une dot de 40,000 écus d'or.

Toutes trois portèrent pour armoiries : *De France, brisé d'une barre d'or.*

§ 5.

Louis XI eut quatre filles naturelles, nées de deux femmes nobles :

1° Guyette, fille de Phelise Regnard : elle était mariée en 1460 à *Charles de Sillons*. Il est supposable qu'il doit y avoir une erreur de date, car Louis XI étant né le 6 juillet 1423, il aurait fallu qu'il devint père de cette Guyette, de bien bonne heure, pour qu'elle fut déjà mariée en 1460.

2° Jeanne de France, dame de Mirebeau, légitimée par lettres données à Orléans le 25 février 1465. Mariée, en février 1466, à *Louis, bâtard de Bourbon,* en faveur de qui la seigneurie de Roussillon fut érigée en comté, et qui fut fait amiral de France. Devenue veuve le 19 janvier 1480, elle fit son testament à Chinon le 7 mai 1515, mourut en 1519, et fut enterrée dans une chapelle des Cordeliers de Mirebeau.

3° Marie de France, dotée de 30,000 écus d'or, alliée, à Chartres, en juin 1467, à *Aymar de Poitiers,* seigneur de Saint-Vallier, comte de Valentinois. Par lettres données à Meslay, le 11 juillet suivant, Louis XI expose : « Qu'aiant puis naguères traité le mariage de sa fille naturelle, Marie, avec son cher cousin Aymar de Poitiers, seigneur de Saint-Vallier, estant expédiant d'ordonner les armes qu'il luy plaira qu'elle porte, acertain (étant certain) qu'elle est vraiment sa fille naturelle et voulant honorer elle et sa postérité et qu'elle jouisse des honneurs, dignités et prérogatives, qu'aux enfants des princes naturels appartient, veut et ordonne qu'elle porte les armes de France, à la différence *d'une bande d'or, commençant au côté sénestre,* ainsi que les enfants naturels ont accoustumé de faire ». Ce n'est pas la *bande,* mais la *barre* qui va de gauche à droite, tandis que la bande va de droite à gauche. Elle porta donc *de France à la barre d'or brochante.* Elle mourut en couches peu de temps après.

4° Isabeau de France, mariée à *Louis de Saint-Priest.* Ces trois dernières étaient filles de Louis XI et de Marguerite de Sassenage, dame de Beaumont, fille d'Henri de Sassenage et d'Antoinette de Saluces, et veuve d'Amblard de Beaumont, seigneur de Montfort. (*Hist. du Dauphiné,* de Chorier, et *Hist. de la maison de Sassenage,* ibid.) Louis, dauphin, vécut en Dauphiné, de 1446 à 1456. Ce fut là qu'il connut Marguerite de Sassenage, issue d'une des plus illustres familles de cette province, la maison de Béranger, qui avait relevé, au XIVe siècle, le nom et les armes de Sassenage.

§ 6.

Le dernier des frères de Louis XI, Charles de France, duc de Guyenne, ne se maria pas ; mais de ses relations avec Colette de Chambes-Montsoreau, veuve de Louis, seigneur d'Amboise, de la maison qui prit fin avec le fameux comte de Montsoreau, célèbre par ses cruautés pendant les guerres de religion et par l'assassinat de Louis de Clermont, seigneur de Bussy, favori du duc d'Anjou, naquirent deux filles naturelles : 1° Jeanne, qui fut religieuse de l'ordre de Saint-Dominique, puis sous-prieure de Blaye et de Saint-Pardoux-la-Rivière, en Périgord : elle vivait dès 1495, et en 1533, le roi lui donna une rente viagère de 100 livres sur les revenus du Périgord. — 2° Anne, première femme de *François de Volvire,* seigneur de Ruffec, conseiller et chambellan du roi, par contrat du 3 octobre 1490. Elle mourut sans postérité.

Armes : *de France à la bordure engrelée de gueules, brisé d'une barre d'argent brochante.*

§ 7.

Les historiens et les généalogistes ne donnent aucun enfant naturel au sage Charles VIII ; pourtant, dans les manuscrits de la Bibliothèque nationale, on trouve une lettre de l'ambassadeur français à Venise, écrite le 24 janvier 1546, au cardinal de Tournon, dans laquelle il parle d'une dame Camille Palavicini, « que l'on estime, dit-il, à Venise, être descendue du feu roy Charles VIII ; elle s'est retirée en cette ville depuis dix ou douze ans, vivant religieusement et solitairement. » Plus bas, il ajoute : « qu'il lui plaise avoir souvenance d'elle, pour l'honneur du sang dont elle est descendue. » (P. Anselme.)

S'agit-il d'une intrigante, spéculant sur le séjour de Charles VIII en Italie, ou bien le Roi y eut-il en effet des relations adultères avec quelque dame de la maison Palavicini, dont la fille n'aurait, par conséquent, pu porter d'autre nom que celui de son père aux yeux de la loi ? C'est ce qu'il est impossible d'établir.

§ 8.

Il en est de même pour Louis XII que pour Charles VIII. On lui attribue pour fils naturel Michel de Bucy, protonotaire apostolique et doyen de Saint-Aignan d'Orléans, nommé archevêque de Bourges le 25 septembre 1505, à l'âge de vingt-deux ans seulement, mort le 8 février 1511, et inhumé dans le chœur de sa cathédrale. On se borne à dire que, selon l'opinion commune, il était fils de Louis XII, mais sans preuve aucune que la rumeur publique. Je ne cite au surplus (d'après La Thaumassière, *Histoire du Berry,* et dom Vlierden, *Patriarchat de*

Bourges) ce personnage que pour mémoire, car il ne fait pas partie de la maison de France d'une manière officielle.

§ 9.

A François Ier, ce qui est plus remarquable, quoiqu'il ait eu sept enfants légitimes, on ne donne qu'un seul enfant illégitime, qui, lui aussi, n'aurait pu entrer, même sous la dénomination de Bâtard, dans la maison de France. Ce personnage, connu sous le nom de Villecouvin, aurait été le fils d'une grande dame mariée, à la prière de laquelle le roi lui aurait donné 200,000 écus, somme énorme pour l'époque.

Villecouvin mourut à Constantinople et sa succession fut dévolue au maréchal de Retz, qui l'emporta sur M. de Téligny, son compétiteur. C'est Brantôme (*Vie des Dames galantes*) qui raconte cette histoire, et qui, en parlant de ce bâtard, ajoute charitablement que d'autres que le roi y avaient travaillé.

§ 10.

Henri II, qui non-seulement hérita du tempérament galant de son père, mais hérita aussi de sa maîtresse, Diane de Poitiers, n'en eut pourtant pas d'enfants. Il eut trois bâtards, de trois personnes différentes : l'un fut légitimé ; l'autre, sans l'avoir été, jouissait des mêmes avantages et portait le même nom; quant au troisième, qui prit le nom de sa mère, il fut la souche d'une famille qui eut pour dernière représentante la trop célèbre comtesse de Lamotte-Valois, l'héroïne de l'affaire du Collier, à la fin du règne de Louis XVI. — Les voici par ordre :

1° Henri d'Angoulême, fils du roi Henri II et de N... de Livingstone, demoiselle écossaise; connu d'abord sous le nom de chevalier d'Angoulême, il eut le commandement d'une compagnie d'hommes d'armes des Ordonnances, et reçut, comme étant chevalier de Malte, l'abbaye de la Chaise-Dieu, en 1562, et celle de Saint-Pierre de Clairac, en 1568. Il devint ensuite Grand-Prieur de France et fut connu sous le nom de M. le Grand-Prieur, puis gouverneur de Provence, et amiral des mers du Levant. Il prit sa part du massacre de la Saint-Barthélemy et assista au siège de La Rochelle, en 1573. Etant à Aix en Provence, il s'y prit de querelle avec Pierre Altoviti, baron de Castelane, capitaine de galère; l'ayant aperçu à la fenêtre de sa chambre, il y monta, un combat s'en suivit; Altoviti fut tué d'un coup d'épée, mais il eut, tout expirant, la force de plonger son épée dans le ventre du Grand-Prieur qui en mourut sept ou huit heures après : c'était le 2 juin 1586. On l'enterra dans l'église des Carmes d'Aix, dans la chapelle de René d'Anjou, roi de Sicile.

MM. de Sainte-Marthe, dans leur *Histoire de la Maison de France,* disent qu'il était « très beau de visage, fort adroit à cheval et aux armes et à tous exercices honnestes et libéraux ». Il portait pour armes : *de France au lambel d'argent en chef, à un bâton mis en barre, d'argent ; au chef des armes de la Religion* (Malte), *de gueules à la croix d'argent.* On les trouve ainsi sur son sceau attaché à une attestation donnée à Aix le 21 mai 1578, en faveur du lieutenant et de l'enseigne de la compagnie d'hommes d'armes du duc d'Uzès. (Sceaux de la collection Clairembault, vol. 135, n° 2149. Bibl. nat.)

2° Diane, duchesse d'Angoulême, naquit du roi Henri II et de Philippe Duc, demoiselle piémontaise, native de Moncalieri, dont le frère, Jean-Antoine Duc, était écuyer de la Grande-Ecurie du roi Henri II. Elle épousa : 1° le 13 février 1552, *Horace Farnèse,* duc de Castro, qui fut tué au siège de Hesdin, en 1554, d'un coup de canon, et inhumé dans l'église des Minimes d'Abbeville ; 2° par contrat passé à Villers-Cotterets, le 3 mai 1557, *François, duc de Montmorency,* pair et maréchal de France, à qui elle apporta une dot de 50,000 écus d'or. Elle avait été légitimée avant son premier mariage. Mais on n'a pas retrouvé la date des lettres-patentes. Par lettres du 22 juin 1563, elle reçut en don le duché de Châtellerault, et en février 1576 le duché d'Etampes, avec les terres de Coucy, Folembray, Montluçon, Hérisson, Bourbon, Verneuil, Sauvigny et Aisnay. Etant devenue veuve, sans enfants, le 6 mai 1579, le roi, par lettres d'août 1582, lui octroya le duché d'Angoulême, dont elle prit le nom, et le comté de Ponthieu, en échange de celui de Châtellerault, et, en mars 1588, les seigneuries de Coignac et de Merpins. — Elle mourut à Paris, sans postérité, le 11 janvier 1619, âgée de quatre-vingts ans, et fut inhumée dans sa chapelle, dite d'Angoulême, aux Minimes de la place Royale, qu'elle avait fait commencer et qui ne fut achevée qu'après sa mort. Sur son tombeau, en marbre, était élevée sa statue avec une inscription latine.

3° Henri de Saint-Remy n'est pas seulement « cru » fils de Henri II et de Nicole de Savigny, dame de Saint-Rémy, comme le dit le P. Anselme; le fait est absolument incontestable, ainsi que cela va être établi.

Armes de celui-ci : *d'argent à la fasce d'azur, chargée de trois fleurs de lys d'or.*

Malgré son étendue, je crois devoir reproduire ici un travail inédit que, sous le titre de *Les Derniers Valois,* j'ai fait sur ces descendants authentiques de Henri II, auxquels la fameuse comtesse de Lamotte-Valois vint procurer une si terrible célébrité. On trouvera peut-être, je l'espère, quelque intérêt à voir, à l'aide d'une étude que je suis le premier à avoir faite, les douloureuses vicissitudes d'une famille incontestablement issue d'un roi de France.

Nicole de Savigny, dame et baronne de Saint-Remy, était la femme de Jean de Ville, seigneur de Saint-Néron et de Saint-Remy, chevalier de l'ordre du Roi, quand elle devint « l'amie du roi Henri II ». De son mari elle avait eu pour enfants André de Ville, baron de Saint-Remy, seigneur de Fontette et de Noyer, et Elizabeth, demoiselle de la Fosse-aux-Loups, lorsque de ses rapports avec le Roi naquit un fils. André de Ville ne paraît pas avoir goûté l'honneur que Henri II faisait à sa maison, car s'il est constant que si, le 28 juillet 1576, il avait souscrit au profit de sa mère une obligation de vingt mille livres, il n'est pas moins certain qu'il chassa sa mère de son château de Fontette : il mourut avant 1590 sans laisser de postérité, et le domaine, dont la porte avait été fermée à la maîtresse du Roi, allait tomber entre les mains du fils doublement adultérin de Henri II. Aussitôt après la mort de ce fils rigide, Mme de Saint-Remy, réintégrée dans la possession de tous ses biens, ajoute à son nom les qualifications de dame de Fontette, Noyer, Beauvoir, Charmay et Chastellier. Elle fit son testament le 12 janvier 1590 et mourut bientôt après, avant le 4 février suivant, ayant disposé de tous ses biens en faveur de l'enfant qu'elle avait eu du Roi, puisque son fils légitime, à qui ils étaient dévolus, l'avait précédée dans la tombe.

Le testament de la dame de Saint-Rémy nous fait connaître à peu près l'époque de la naissance de celui que sa mère ne désigna jamais, dans tous les actes authenthiques, jusqu'à sa mort, que sous le nom singulier d'HENRI MONSIEUR, affecté, à cette époque, aux fils de France, comme nous le voyons pour le fils de Henri IV et de Gabrielle d'Estrées, appelé *César Monsieur* pendant toute sa jeunesse, jusqu'au jour où le Roi lui donna le duché de Vendôme. Cette pièce constate que Henri II avait remis à sa maîtresse, en 1558, une somme de trente mille écus destinée à l'entretien et à l'éducation de son fils : celui-ci était donc enfant. En rapprochant ce fait et cette date de celle de son mariage, en 1591, il faut admettre qu'HENRI MONSIEUR n'avait dû naître qu'en 1557, peu de temps avant le présent du Roi à sa mère. Si l'on ajoute qu'il mourut en 1621, en tenant compte de la durée moyenne de la vie humaine, j'estime que je ne serai pas à côté de la vérité en maintenant que le dernier des enfants naturels de Henri II naquit seulement en 1557, c'est-à-dire une année environ avant la mort de son père.

Né, donc, en 1557 et gratifié, dès son berceau,

le 13 février 1558, d'une somme de trente mille écus, mais privé aussitôt de l'affection d'un père, Henri Monsieur paraît avoir été destiné tout d'abord, par sa mère, à l'état ecclésiastique. Si ce que l'on raconte est vrai, il faut convenir que Mme de Saint-Remy était ce que l'on peut appeler une femme sans préjugés. Le P. Anselme énonce, d'après un titre du cabinet généalogique de M. de Clairambault, que Nicole de Savigny aurait « *eu part à la faveur* » de Claude de La Baume-Montrevel, cardinal et archevêque de Besançon, et qu'elle aurait prétendu « qu'il y avait un engagement de mariage entre elle et ce seigneur », afin de faire assurer par lui à Henri Monsieur la coadjutorerie avec succession de son archevêché et l'abbaye de Charlieu dont ce Prélat était en outre titulaire. Certes, l'amour maternel fait faire bien des choses, mais je ne sache pas qu'un sentiment si naturel et si noble en lui-même puisse engendrer un scandale semblable à celui dont Mme de Saint-Remy n'aurait pas craint de donner l'exemple. Il n'y a pas, dit un sage proverbe, de feu sans fumée. L'histoire pourrait donc être vraie, et le P. Anselme ajoute que l'on « obligea ce prélat d'aller en Italie et il fut depuis cardinal ». Ces événements auraient donc été antérieurs à mars 1578, époque à laquelle l'archevèque reçut le chapeau, à l'âge de cinquante ans.

Déçue dans ses espérances ambitieuses, Nicole de Savigny renonça pour son fils au clergé et se tourna vers les armes. Les rois Charles IX et Henri III se montrèrent plus accommodants que le galant archevêque. Pourtant Henri Monsieur n'était encore que « colonel d'un régiment de « cavalerie et de gens de pied pour le service « de Sa Majesté », au 1er janvier 1590. Mais, moins de deux ans après, le 31 octobre 1591, dans son contrat de mariage, il se qualifie « Haut « et Puissant seigneur Henry de Saint-Remy, « baron de Fontette, de Noyer, de Bazolles et « de Beauvoir, chevalier de l'ordre du Roi, « gentilhomme ordinaire de sa chambre, lieute- « nant de 50 hommes d'armes des Ordonnances, « colonel d'un régiment de cavalerie et de gens « de pied et gouverneur de Châteauvillain ». Il avait suffi pour cela d'un changement de règne : Henri IV avait trop besoin de se faire des partisans pour ne pas payer leurs services, mais, tout en gratifiant d'emplois honorables, plutôt que lucratifs, le bâtard de Henri II, il l'écarta, lui et ses descendants, de cette famille royale qui était la sienne et dans laquelle, rien qu'en se fondant sur de nombreux précédents, Saint-Remy aurait pu réclamer sa place. L'état civil de ce demi-prince se trouve, par son contrat de mariage, réglé définitivement de manière à ne porter ombrage à aucune des familles au nom desquelles il lui aurait été permis de prétendre ; c'est le nom d'un fief qui lui est attribué, et, ne perpétuant aucune filiation, il est le créateur de sa race.

Nicole de Savigny avoue, dans son testament, qu'elle a employé « pour ses affaires personnelles » les trente mille écus donnés par Henri II à son fils, mais lui lègue, pour l'en dédommager, tous les biens dont elle peut disposer, le fief de Saint-Remy, le château et la baronie de Fontette, les seigneuries de Noyers, de Bazolles et de Beauvoir. Henri de Saint-Remy était donc riche quand il épousa, le 31 octobre 1592, Chrétienne de Luz, veuve de Claude de Fresnai, seigneur de Louppy, chevalier de l'Ordre du Roi, et fille de Jacques de Luz, seigneur de Bazolles, chevalier de l'Ordre du Roi, et de Michelle du Fay. Après vingt-neuf ans d'une existence dont le mystère n'a pu être éclairci, Henri de Saint-Remy mourut à Paris le 14 février 1621 et fut inhumé dans l'église de Saint-Sulpice, sa paroisse. Sa femme lui survécut jusqu'au 22 avril 1636 et eut sa sépulture dans l'église de Fontette,[1] devant le grand autel. De leur union étaient nés : 1° François de Saint-Remy, chevalier, baron de Fontette, de Noyer, de Bazolles et de Beauvoir, fiancé le 2 avril 1625 à N... du

[1] Canton d'Essoges, département de l'Aube.

Quesnel, fille de Gabriel du Quesnel, marquis d'Alègre, seigneur de Blanc-Fossé, chevalier de l'Ordre du Roi, capitaine de 50 hommes d'armes, et depuis marié, le 13 juillet 1637, à Charlotte de Mauléon, dame de Saint-Elophe, fille de Louis-Charles de Mauléon, seigneur de Saint-Elophe, et de Chrétienne de La Motte, qui était veuve de lui, le 12 juillet 1648, sans avoir eu d'enfants; 2° Jacques, baptisé le 12 août 1599: 3° René, qui suit; 4° Marguerite, alliée le 6 novembre 1621 à Joachim de Marron, baron de Callé, gentilhomme ordinaire de la chambre du Roi.

René de Saint-Remy, baron de Fontette, seigneur de Noyer, Bazolles et Beauvoir, chevalier de l'ordre du Roi et gentilhomme ordinaire de sa chambre, naquit vers 1595 et fut mis, par la mort de son frère aîné, en possession de tous les domaines patronymiques de leur père. Son existence fut obscure, quoique, par le collier de Saint-Michel et la charge honorifique dont il avait été revêtu, il se fut élevé au-dessus du niveau de la noblesse de sa province. Il avait épousé Jacquette Bréreau, fille de Nicolas Bréreau, dont le nom roturier s'accouplait étrangement avec la qualification de haut et puissant seigneur réservée encore au XVIIe siècle aux nobles de haute lignée et attribuée à René de Saint-Remy dans tous les actes civils qui le concernent personnellement ou qui le mentionnent à propos de ses sept enfants. Le baron de Fontette mourut le 11 mars 1665, à Fontette, où il fut inhumé le lendemain. Il pouvait espérer une belle et nombreuse descendance, mais, de ses sept fils, dont voici les noms, un seul laissa postérité : 1° René de Saint-Remy, seigneur de Fontette, Noyer et Bazolles, mestre de camp de cavalerie, baptisé à Fontette le 25 mars 1636, et tenu sur les fonts de baptême par Pierre Obremont, dit Champagne, « homme de chambre », et par Marie Regnard, femme de Nicolas Dousset, de Noyer. Il demeurait à Paris, sur la paroisse de Saint-Jean-en-Grève, quand il épousa, le 30 juillet 1666, Marie de La Marck, veuve de Pierre de Vyon, seigneur de Guillonet, de laquelle il n'eut pas d'enfants ; 2° Henri de Saint-Remy, baptisé à Fontette, le 23 août 1637 ; 3° Pierre de Saint-Remy, baptisé à Fontette, le 17 septembre 1644, et « nommé » par Pierre, seigneur de Mallet et Marie Bacollier ; 4° Charles-François de Saint-Remy, né le 13 février 1646, tenu sur les fonts de baptême, à Fontette, le 19 octobre 1653, par Charles de Choiseul, baron d'Ambouville, et Chrétienne de Marron ; 5° Pierre de Saint-Remy, né le 5 juillet 1648, baptisé le 19 octobre 1653, et « nommé » par le comte de Lignon et par Catherine de Savigny, dame d'Autricourt ; 6° Pierre-Jean, qui va suivre ; 7° et enfin Remy de Saint-Remy, qui vivait en 1663, et sur lequel on n'a aucun autre détail.

Pierre-Jean de Saint-Remy, né le 9 septembre 1649, baptisé le 19 octobre 1653, en même temps que deux de ses frères, et « nommé » par Pierre-Jean Disoc et par Marie de Saint-Remy, est encore qualifié haut et puissant seigneur, mais seulement seigneur de Noyer et de Fontette en partie, et il a déposé le titre de baron que son père et ses prédécesseurs avaient porté. Les mauvais jours sont arrivés et déjà ont commencé les vicissitudes singulières que dut traverser cette famille avant de s'éteindre avec un terrible éclat. Pierre-Jean de Saint-Remy servit dans l'infanterie où il parvint jusqu'au grade de major. Le 26 janvier 1673, il épousa, dans la paroisse de Saint-Aubin en Barrois, Marie de Mulot, fille de Paul de Mulot, écuyer, et de Charlotte de Chaslus. L'époque de sa mort est inconnue, mais sa femme décéda le 20 décembre 1704 et fut inhumée dans l'église de Saint-Aubin en Barrois, devant l'autel de la Vierge. Dans l'acte de décès elle est dite épouse de « messire très-noble Pierre-François Fontette de Noier, cy devant major-capitaine pour le service du Roy », d'où il résulte que M. de Saint-Remy n'était pas plus soigneux de ses prénoms que de son nom patronymique. Deux enfants seulement étaient nés de ce mariage : Nicolas-René, dont je vais parler, et Barbe-Thérèse, dont je n'ai pu retrouver l'alliance.

Nicolas-René de Saint-Remy, chevalier, seigneur de Luz, lieutenant au régiment de Béthencourt, né le 4 avril 1678, fut baptisé quatre jours après et nommé par Nicolas-René d'Armancourt, major de la ville de Toul, et par Nicole de Commissi, veuve du baron de Beaulieu. La seigneurie de Fontette avait dû être aliénée par son père ou par lui, puisque le titre qui leur a appartenu est passé à Nicolas-François de Vienne, baron de Fontette et de Noyer, dont Nicolas-René de Saint-Remy épousa la fille, Marie-Elizabeth de Vienne, à Fontette, le 4 mars 1714. La seigneurie et le château de Fontette retournèrent par ce moyen aux mains de leurs anciens possesseurs ; mais ils en sortirent de nouveau bientôt après, de la plus déplorable manière, et, cette fois, pour n'y jamais revenir. M. de Saint-Remy eut, avant de mourir, un avant-goût des destinées qu'un avenir prochain réservait à sa postérité. Ses dernières années furent employées à lutter contre un fils indigne, aussi peu soucieux de son nom et de son illustre origine que de sa dignité personnelle. Abreuvé d'amertume, mais après s'être néanmoins réconcilié avec son héritier, « messire Nicolas-René de Saint-Remy, écuyer, » mourut le 30 octobre 1759, à l'âge de quatre-vingt-dix ans, et fut inhumé dans le cimetière de Fontette, en présence de « Jacques de Luz de Saint-Remy, son fils », et de deux paysans du village. Des deux seuls fils qu'il avait eus, l'aîné, Pierre-Nicolas-René de Saint-Remy, n'existait déjà plus. Né le 3 juin 1716, il avait été admis, le 2 mars 1744, à faire ses preuves de noblesse pour entrer au régiment des volontaires de Grassin. Le certificat que lui délivra dans cette circonstance Louis-Pierre d'Hozier, juge d'armes de France, constate la filiation telle que je viens de la retracer. L'origine des Saint-Remy n'était donc un mystère pour personne. Le fils aîné fut probablement tué à l'armée de Flandres dans un des nombreux combats où s'illustrèrent les volontaires de Grassin, car son acte de naissance et le certificat du juge d'armes sont les seuls documents qui fassent mention de lui.

Jacques de Saint-Remy, né à Fontette, le 22 décembre 1717, devait être le mauvais génie de sa race, la source unique de tous les malheurs qui en précipitèrent la fin. Un contemporain, M. Beugnot, trace de lui ce portrait : « C'était « un homme de force athlétique, qui vivait de la « chasse, de dévastation dans les forêts, de fruits « sauvages et même de fruits cultivés. » Ayant fait sa maîtresse de Marie Josset, fille du fermier de son père, que l'on représentait comme ayant été très belle, avec « une taille haute et élégante, « de beaux yeux bleus, de longues paupières,

« des sourcils parfaitement arqués, un regard « d'une expression indéfinissable, une belle chevelure d'un brun foncé », lorsqu'elle devint enceinte, il voulut l'épouser; mais il rencontra chez son père une résistance énergique, et quand naquit son premier enfant, Jacques, le 25 février 1755, on le baptisa comme « fille de Marie Josset, « fille, et du sieur Jacques de Saint-Remy qui « s'en est déclaré le père. » Désespérant de fléchir son père, Jacques de Saint-Remy passa outre à la célébration du mariage qui eut lieu, le 14 août 1755, à Langres où il acheta une maison et où il s'établit. A cette triste cérémonie assistèrent seulement les quatre témoins : Jean Moussu, prêtre, sacristain de l'église; Denis Sauvageot, boulanger; Thomas Plomb, tailleur d'habits, et Claude Prunet « carreleur ». Le mari avait trente-huit ans, la femme trente, et elle déclara ne pas savoir signer son nom. Afin qu'aucune humiliation ne fût épargnée au sang de Henri II, Jacques de Saint-Remy ne conserva même pas intact le nom de son père et il fut marié comme étant « Jacques de Luce, chevalier de Saint-Remy ». Du titre de la seule seigneurie de son père il se faisait un nom patronymique, et réciproquement; mais, du moins, il n'oubliait pas de légitimer son enfant, et cette légitimation est insérée dans l'acte de mariage. Le 22 juillet 1756 naissait Jeanne de Saint-Remy, la célèbre comtesse de Lamotte, et le 22 octobre 1757, naquit à son tour Marie-Anne de Saint-Remy, qui commença par être servante dans une auberge, pour finir par être chanoinesse en Allemagne.

Quoiqu'en ait dit le comte de Lamotte, dans ses *Mémoires,* la famille issue illégitimement de Henri II n'avait jamais pris le nom de Valois et n'avait, par conséquent, pas eu à le quitter pour ne pas porter ombrage aux Bourbons, qui ne soupçonnaient même pas son existence. L'auteur de cette maison, le fils de Henri II, connu dans son enfance sous le nom de Henri Monsieur, adopta bientôt celui de Saint-Remy, et le transmit à ses descendants qui n'en eurent jamais aucun autre. Dans le temps de leur splendeur relative ils furent connus comme barons de Fontette, et Jacques de Saint-Remy est le premier qui, par négligence sans doute, se rendit coupable d'une interversion inconsidérée en faisant précéder son nom patronymique du nom de son fief. Ce n'était assurément pas par ignorance, car, dans le naufrage de leur fortune, les Saint-Remy avaient sauvé leurs archives, et malgré son abaissement et ses instincts peu civilisés, Jacques de Saint-Remy n'ignorait pas qu'il avait dans les veines du sang de nos Rois. Marie Josset ne l'ignorait pas non plus, car ce fut à son instigation qu'il quitta la province pour venir chercher à Paris les moyens de rendre un peu de lustre à ce nom jadis si fameux. Ce fut également à l'instigation de cette femme perverse, prodigue et vaniteuse, mauvaise mère et épouse coupable, qu'en arrivant à Paris il se fit appeler Jacques de Valois, baron de Saint-Remy.

L'affreuse misère dans laquelle il était plongé n'aurait d'ailleurs pas laissé au baron de Saint-Remy d'autre alternative que de s'expatrier. Son insouciance ou sa faiblesse et les prodigalités de sa femme n'avaient pas tardé à disperser les derniers débris de son patrimoine. Jour par jour et morceau par morceau, la terre de Fontette avait fondu entre leurs mains. La plus grande partie avait été acquise par un fermier nommé Durand, qui était le parrain de la fille puînée de son ancien seigneur. Réunissant ses dernières ressources, le baron de Saint-Remy partit enfin, emmenant avec lui sa femme, son fils et sa fille aînée, et laissant, à la porte du fermier Durand, sa filleule, dans l'espoir que cet homme consentirait à se charger d'elle. En arrivant à Paris, la famille se logea à Vaugirard, dans un bouge, et ne tarda pas à tomber dans le plus profond dénuement. Marie Josset osa contraindre sa fille à mendier dans les rues. L'enfant, maltraitée par sa mère, tendait la main aux passants qu'arrêtaient la jolie figure de la petite fille et surtout cette phrase qu'elle prononçait d'une voix timide et suppliante : « Ayez pitié d'une petite orpheline qui descend en ligne directe de Henri II de Valois, Roi de France. »

Mais les illusions que le baron de Saint-Remy avait apportées de sa province avec ses précieux parchemins, ne devaient pas tarder à se dissiper. Après six mois de sollicitations et de démarches infructueuses, après avoir successivement résidé à Versailles et à Boulogne-sur-Seine, c'est dans ce dernier endroit qu'il fut arrêté et emprisonné, sous l'inculpation de s'attribuer un nom et une qualité qui ne lui appartenaient pas. Après une incarcération de six semaines, épuisé, malade, il obtint comme suprême faveur d'entrer à l'Hôtel-Dieu, le 14 février 1762 ; c'est là que, deux jours après, le 16, meurt le descendant d'un Roi de France : « Jacques de Valois, chevalier, baron de Saint-Remy », ainsi que le constate le certificat des Vicaires de l'Hôtel-Dieu, n'était âgé que de quarante-quatre ans. Il était mort, on lui rendait justice ; c'est ainsi que va le monde.

Devenue la concubine d'un soldat, nommé Jean-Baptiste Raymond, qui prit le titre de baron de Valois, et fut arrêté à la porte des Tuileries où il mendiait, Mme de Saint-Remy abandonna ses enfants pour suivre en province son amant condamné au pilori et à cinq ans de bannissement. On n'entendit plus parler d'elle. C'est alors que Jeanne de Saint-Remy fit la rencontre de la marquise de Boulainvilliers. Frappée de sa jolie figure, émue par ses romanesques infortunes, la marquise recueillit chez elle les orphelins; et ces enfants abandonnés, vivant des quelques deniers qu'ils obtenaient de la charité publique, passèrent ainsi, sans transition, de la rue dans laquelle ils tendaient la main aux passants, dans le fastueux hôtel d'un Président au Parlement. Marie-Madeleine de Hallencourt de Dromesnil, née en 1730, avait épousé en 1748, Anne-Gabriel-Henri Bernard de Saint-Saire, marquis de Boulainvilliers, comte de Grisolles, lecteur de la Chambre du Roi, Prévôt de Paris, Président au Parlement, prévôt et maître des cérémonies de l'ordre de Saint-Louis, aussi riche d'écus qu'il l'était peu de noblesse, malgré cette imposante titulature, car le Président n'était autre que le petit-fils du financier Samuel Bernard. Mon aïeul, qui a connu et fréquenté l'un et l'autre, dit que si le mari était « un avare renforcé avec tout l'extérieur d'une grande dépense », la femme, en revanche, « était la bonté et la bienfaisance en personne » [1]. Elle n'épargna rien dans cette

[1] *Souvenirs d'un Chevau-Léger de la Garde du Roi*, par Louis-René de Belleval, marquis de Bois-Robin, pub. par l'auteur, p. 228 et suiv.

circonstance pour justifier la réputation qu'elle s'était faite parmi ses contemporains. Par ses soins, Jeanne de Saint-Remy fut placée dans une pension à Passy, avec sa sœur, que la charitable marquise arracha, non sans peine, au fermier Durand qui en avait fait sa servante; puis elle les fit admettre, en 1776, au couvent de Longchamp, d'où, six ans plus tard, les deux sœurs s'évadèrent pour se réfugier à Bar-sur-Aube. Cette escapade rompit toutes relations entre la marquise et son indigne protégée.

Jeanne avait trouvé un asile chez une dame de Surmont dont elle paya les bontés d'une égale ingratitude. Elle devint la maîtresse du neveu de son hôtesse, petit gentilhomme nommé de Lamotte, qui servait alors dans une des compagnies de la gendarmerie, et l'épousa quand il devint impossible de dissimuler sa faute: un mois après elle accouchait de deux garçons qui ne vécurent que quelques jours, et chassée par Mme de Surmont elle vint se réfugier à Paris avec son mari qui quitta la gendarmerie pour entrer dans les gardes du corps du comte d'Artois. M. Beugnot trace le portrait suivant des deux époux: « Mme de Lamotte était dénuée de toute « espèce d'instruction, mais elle avait beaucoup « d'esprit, l'air vif et pénétrant. En lutte depuis « sa naissance avec l'ordre social, elle en bra- « vait les lois et ne respectait guère mieux celles

« de la morale. Dénué de toute espèce de for- « tune, son mari avait cependant eu le talent de « se noyer de dettes, et ne vivait qu'à force « d'industrie et de la pension obligée de 300 « livres que son oncle lui faisait pour le soute- « nir ». En arrivant à Paris dans des conditions aussi misérables, cela n'empêcha pas Jeanne de de Saint-Remy de prendre le titre de comtesse de Valois de Lamotte. C'est ainsi qu'elle inaugura sa nouvelle existence où je ne la suivrai que pour constater qu'elle essaya, elle aussi, de demander à l'origine de sa famille un moyen de conjurer la mauvaise fortune contre laquelle elle luttait avec une virile énergie. J'en trouve la preuve dans ce billet autographe adressé par elle à M. d'Hozier de Sérigny, juge d'armes de la noblesse de France, « en son hôtel, vieille rue « du Temple, au Marais, à Paris », et dont je me garderais bien de dénaturer l'orthographe : « Mad^me de Valois de La Motte fait mille com- « plimens à Monsieur d'Hosier, elle le prie de « vouloir bien avoir la complaisance de penser « à elle pour ce quele lui a mis entre les mains. « Mad^me de Valois désirerai savoir si Monsieur « d'Hosier ce raie visible au jourdui et à quele « heure elle pourrai le voir pour le remercier de « toutes ces bontés. Elle a l'honneur de l'asurer « de son attachement. — ce 1 aout 1782. — « Son adresse rue de la Verry, hotel de Reims ».

Ce billet a été fermé au moyen d'un cachet armorié. Au bas, d'Hozier a écrit lui-même : « Cette Me de la Motte est de son nom de fille « de Saint-Remy de Valois. Elle est femme de « M. de la Motte ci-devant gendarme et actuel-« lement l'un des gardes de Mgr comte d'Artois, « et elle se fait appeler *la comtesse de Valois* « *de la Motte*. — d'H. de Ser. » — Le juge d'armes n'ayant pas répondu, c'est à l'un de ses commis que, quelques temps après, s'adresse Mme de Lamotte : « Mme la Cosse de Valois de la « Motte a l'honneur de dire mille choses agréable « à Monsieur Colet, elle aurai désiré le voir pour « le prier d'avoir la bonté de lui remettre le « mémoire de généalogie qu'el a donné à Monsr « de Serignie. Il voudra bien avoir celui de lui « renvoyer à son adresse, Hotel de Reims, rue « de la Verrerie par un commisionnère en ay. « grand besoin aujourdui ». — Sur le billet d'Hozier ajoute : « C'est M. Caulet, mon premier « commis. Ce billet lui a été écrit aujourd'hui, « 24 août 1783, et il a renvoyé, le même jour, a « Mme de la Motte : 1° une copie d'un mémoire « sur la maison de Saint-Remy de Valois certifié « par moi, le 6 mai 1776 ; 2° une table généalo-« gique de la famille de Vienne en Champagne « (famille de robe), et 3° une lettre en original « qui a été écrite à cette dame de la Motte, le 4 « juin dernier par Me Rouget, avocat et maître

« particulier des Eaux et Forêts, demeurant à « Bar-sur-Seine, laquelle lettre donne des ren- « seignements sur cette famille de Vienne. Ces « deux mémoires et la dite lettre m'avaient été « envoyés il y a quelques mois par cette Mme de « la Motte. — d'H. de Ser. ».

Mme de Lamotte avait donc eu connaissance et copie du mémoire généalogique dressé par le juge d'armes, en 1776, pour l'admission de son frère dans la marine royale ; de son côté, d'Hozier n'ignorait pas la légitimité des prétentions de la famille de Saint-Remy, ce qui ne l'empêche pas, lui si respectueux de la noblesse, de traiter Mme de Lamotte avec un dédain peu dissimulé. Ce dédain s'applique évidemment à la personne et non à la maison. Peut-être d'Hozier savait-il ou soupçonnait-il l'usage que voulait faire la comtesse des titres qui avaient assuré à son frère une existence honorable. Arrêtée pour *l'affaire du collier*, le 18 août 1785, condamnée par arrêt du Parlement du 31 mai 1786 à être fouettée et marquée sur les épaules, après avoir subi ce châtiment, Mme de Lamotte fut enfermée à la Salpétrière d'où elle s'évada le 5 juin 1787 ; elle rejoignit en Angleterre son mari qui, par contumace, avait été condamné au fouet, à la marque et aux galères à perpétuité, et y mourut en 1792 des suites d'une chute. Rentré en France pendant la Terreur, M. de Lamotte, après avoir échappé par miracle à l'échafaud révolutionnaire, traîna une existence misérable, tenta par deux fois de se suicider, et mourut enfin fort âgé à l'hospice de la Pitié, peu de temps avant la Révolution de 1830.

La marquise de Boulainvilliers avait également retiré sa protection à la sœur de Mme de Lamotte, Marie-Anne de Saint-Remy, qui, devenue chanoinesse dans un chapitre d'Allemagne, y mourut dans la plus complète obscurité. Mais elle reporta sur leur frère, à qui il appartenait naturellement de relever la famille, une sollicitude qui ne se démentit jamais jusqu'à la fin de sa vie.

Jacques de Saint-Remy, né avant le mariage de son père avec Marie Josset, le 25 février 1755, et légitimé par ce mariage, était âgé de sept ans quand il perdit son père et quand il fut recueilli par Mme de Boulainvilliers. Après lui avoir fait donner l'éducation qui convenait au rang auquel il était en droit de prétendre, la marquise l'avait fait entrer dans la marine. Lorsqu'il eut vingt et un ans, elle le fit venir à Paris et s'attacha avec ardeur à faire reconnaître l'illustration de son origine, aussi bien par le public que par la Cour, et surtout par le Roi. Le concours de d'Hozier lui était indispensable, et il est certain qu'il s'employa de bonne grâce à seconder Mme de Boulainvillers. C'est du moins ce qui semble résulter d'une lettre écrite par la marquise au juge d'armes, en date du 27 mars 1776 : « Vous « avez bien voulu me promettre, Monsieur, de « consommer votre ouvrage en faveur de M. de « Saint-Remis de Vallois. Il est enfin arrivé de « Brest où il servoit dans la marine. Je vous « demande la permission de vous le mener, « même dès demain matin si vous pouvez finir « son affaire. Je ne sais point si M. de Chabert « a eu la bonté de vous envoier les papiers qu'il « vous avait promis. J'ai bien de l'impassiance « de voir consommer votre bonne œuvre, car « jusqu'ici le pauvre petit malheureux a été bien « applaindre. Mais je me flatte que son sort va « changer. Il me paroit digne de nos soins, il a « des sentiments et de la bonne volonté. Je luy « doit beaucoup puisqu'il m'a procurés d'avoir « l'honneur de vous connaître et de vous assurés « des sentiments avec lesquels j'ay celuy d'estre, « Monsieur, votre très humble et très obéissante « servante.

« D'Hallencourt de Boulainvilliers. »

Mme de Boulainvilliers n'était pas la seule qui s'intéressât au « pauvre petit malheureux bien applaindre ». Un officier supérieur de la marine, M. de Chabert, qui avait eu le jeune Saint-Remy sous ses ordres, n'avait pu connaître cette grande infortune sans en être touché, et il s'était chargé, d'après tous les documents qui lui avaient été fournis, de dresser le tableau généalogique de la famille de Saint-Remy et de rédiger le placet au Roi, qui devait être remis à Louis XVI.

Voici ce que M. de Chabert écrivait à ce sujet à l'abbé Larcher : « A bord de l'*Atalante*, sous « voiles, dans la rade de Toulon, le 2 avril, à « 5 heures du soir, 1776. — J'ai tant fait, mon « cher bon frère, en prenant sur mon sommeil, « etc., que je suis parvenu à avoir fini la minute « de la table généalogique de M. de Saint-Remi « de Valois pour le moment où je mets sous « voiles. Cela m'a même privé de vous écrire « longuement pour mon compte et pour un « objet essentiel. Mais patience, je m'en dédom- « magerai dès en arrivant à Malte et j'aurai la « satisfaction de penser que Madame la Mar- « quise de Boulainvilliers (à qui je nay pas non « plus le temps de répondre) pourra aller en « avant et consommer bientôt cette belle œuvre. « Elle verra et fera remarquer à M. de Serigny « que jay figuré cette minute de la même manière « que je crois que doit être la pièce en forme, « laquelle me paroit devoir être écrite et peinte « sur velin : toutes les lignes qui y sont tracées « simples doivent être doubles, et feront tout un « autre effet. J'espère au surplus que M. de « Serigny sera content de la teneur de cette « pièce, ainsy que Mme la marquise de Boulain- « villiers, et que tout réussira. J'y joins le placet

« au Roy, qu'il serait à propos de faire copier « par une belle main. J'y joins enfin les extraits « de registres de paroisse en forme que Madame « de Boulainvilliers m'avait confiés et j'ay l'hon- « neur de la prévenir que les extraits sont essen- « tiels à bien conserver, qu'il serait même à « propos qu'elle les confiât à M. de Serigny en « le priant d'en prendre aussi des extraits pour « sa bibliothèque de titres et pour les joindre à « ceux qu'il a été si précieux qu'on y ait con- « servés. Je suis forcé de finir, car ma frégate « est sous voiles, et par conséquent il faut ren- « voyer à terre la personne que jay gardée pour « porter mes lettres à la poste pour commencer « de faire ma route. Adieu donc, mon cher « frère, jusqu'à mon arrivée à Malte, que je vous « écrirai de nouveau. »

Voici maintenant le placet au Roi qui accompagnait cette lettre : « Au Roy; Sire, Jacques, « baron de Saint-Remy de Valois, unique des- « cendant mâle du fils naturel que Henry II, « Roy de France, eut de Nicole de Savigny, « baronne de Saint-Remy (ainsi qu'il en admi- « nistre les preuves les plus authentiques), ose « exposer avec confiance à Sa Majesté, puisqu'il « le peut sans rougir, que la Providence dont il « adore les décrets a permis que son père, qui « avait fait un mauvais mariage, soit mort à « l'Hôtel-Dieu de Paris, sous son nom et sa

« qualité, et que sa mère, qui s'expatria peu « après, l'ait abbandonné n'ayant que 7 ans avec « deux sœurs, ses cadettes, sans autres res« sources pour leur subsistance que la compas« sion publique qu'il tache d'exciter en traisnant « constamment et fidellement ses sœurs. C'est « dans cette affreuse situation que Mad^e la M^ise « de Boulainvilliers les rencontra par hasard sur « son chemin, et que son humanité attendrie « par les cris, les pleurs et les tendres embras« sements réciproques de ces malheureux enfans « qu'une faim excessive pressait dans ce moment, « les secourut. Informée aussitôt qu'ils étaient « réellement orphelins par M. le Curé de Bou« logne, près de la Muette, que le petit garçon « disoit pouvoir l'attester, elle leur donna azile. « Instruite ensuite, d'après quelques recherches « faites par ce charitable pasteur, que leur père « était gentilhomme, elle les fit élever honnes« tement. Enfin, parvenue aujourd'hui à avoir « la certitude la plus complette que, quoique le « suppliant soit d'une branche illégitime, il n'a « pas moins l'honneur d'être issu du sang de « Saint-Louis, et reconnaissant en luy les senti« mens inséparables de sa naissance, elle l'a « encouragé à se jetter aux pieds du throne; « persuadée que le Roy, si justement nommé « le Bienfaisant dès son arrivée à la Couronne, « daignera le regarder avec les deux sœurs qui

« lui restent comme un moyen frappant d'exer-
« cer la vertu qui le caractérise. »

Je ne suis pas surpris que Mme de Boulainvilliers n'approuvât pas « que le placet pour le Roy « soit fourny de cette manière », ainsi qu'elle écrit à d'Hozier en le lui faisant remettre, le 20 avril, par son jeune protégé pour lequel elle lui « demande indulgence et bonté pour quel-« qu'un qui n'est pas encore accoutumée à son « changement d'Etat ». M. de Chabert, j'aime à le penser, maniait mieux sa frégate l'*Atalante* que la plume du solliciteur. Il devait répugner à la marquise de voir transformer l'exposé correct, véridique, émouvant, d'une grande et noble infortune en une larmoyante glorification de sa charité. Il faut croire que d'Hozier ne répond pas, puisque la marquise, qui était à Montgeron, vient à Paris, et, par un billet en date du 27 avril, lui demande un rendez-vous, car elle « voudrait bien savoir s'il a eu la bonté « de songer aux papiers de M. de Saint-Remis « et recevoir ses conseils sur les démarches « qu'elle doit faire ». Le but que poursuit Mme de Boulainvilliers est d'obtenir que Louis XVI admette en sa présence son jeune protégé, et elle réussit à l'atteindre. La présentation se fit à Versailles, vers le mois de septembre 1776, sous les auspices des marquis de Boulainvilliers et de Chabert, de MM. Necker et de Maurepas. Jacques de Saint-Remy fut introduit auprès du Roi, sous le nom de baron de Valois. Le brevet d'une pension de 600 livres pour chacune de ses sœurs et leur admission gratuite à l'abbaye de Longchamps; pour lui, une pension de 1,000 livres et un grade dans la marine, telles furent les conséquences immédiates de cette entrevue, à la suite de laquelle le baron de Valois fut officiellement reconnu comme le descendant de Henri II. Moins d'un an après, le 20 juillet 1777, Mme de Boulainvilliers invitait d'Hozier à venir dîner chez elle, à Passy, « aiant pour quelques jours « notre petit enseigne de vaisseau dont on est « très content et qui réussi à merveille avec ses « camarades et ses supérieurs ». [1]

Six ans plus tard, quand la paix fut signée, le 3 septembre 1783, le baron de Valois était lieutenant des vaisseaux du Roi et chevalier de Saint-Louis, à l'âge de vingt-huit ans. Il avait donc justifié la bonne opinion de tous ceux qui s'étaient intéressé à lui et glorieusement payé de sa personne dans tous les combats où de Grasse, La Motte-Picquet et Suffren avaient illustré le drapeau de la marine française. La Providence lui réservait encore une faveur, la plus grande de toutes, celle de mourir en 1785, à trente ans et sans alliance, sans avoir vu flétrir sur un écha-

(1) Tous les documents cités dans cette étude sont tirés du cab. des Titres de la Bibl. nat.

faud et dans un procès infamant, ce grand nom de Valois qu'il avait noblement réhabilité.

§ II.

Charles IX n'eut que deux fils naturels, tous deux nés de Marie Touchet, fille de Jean Touchet, lieutenant particulier au Présidial d'Orléans, et de Marie Mathy. Marie Touchet épousa depuis, en 1578, François de Balzac, seigneur d'Entragues, gouverneur d'Orléans. Marie Touchet, dame de Belleville, née en 1549, à Orléans, mourut à Paris, le 28 mars 1638.

De ces deux fils, l'un, dont l'histoire n'a pas même conservé le prénom, mourut en bas âge : l'autre a fait la branche des ducs d'Angoulême, dont je vais déduire ici la filiation.

DUCS D'ANGOULÈME

Armes : *De France, au bâton d'or péri en barre.*

1. Charles, bâtard de Valois, duc d'Angoulême, comte d'Auvergne, de Clermont, de Ponthieu, de Lauraguais et d'Alais, colonel général de la cavalerie légère, chevalier des ordres du roi, fils de Charles IX, roi de France, et de Marie Touchet, dame de Belleville, fut un des personnages les plus considérables de son temps. Né au château du Fayet, en Dauphiné, le 28 avril 1573, il fut destiné d'abord à la religion, entra

dans l'ordre de Malte et fut nommé Grand-Prieur de France le 2 août 1589 ; mais il quitta bientôt l'ordre, en 1589, avec une dispense du Pape, pour pouvoir se marier. Le 3 juin de la même année, le Roi lui fit don du comté d'Auvergne, dont il prit aussitôt le nom, le duc de Nemours ayant pris le parti de la Ligue. Henri III, par commission du 6 mai 1589, l'avait nommé colonel général de la cavalerie. Henri avait pris en affection ce neveu de la main gauche et il lui servait de père. Le comte d'Auvergne était auprès de son bienfaiteur quand il fut assassiné à Saint-Cloud, le 1er août suivant, et le récit ému et pittoresque de ce tragique événement et des derniers moments du Roi ainsi que de l'avènement inattendu et mouvementé de Henri IV, a été retracé par le comte d'Auvergne dans ses Mémoires, dont ils forment les pages les plus attachantes.

Auvergne se hâta de reconnaître l'autorité du nouveau Roi, qui l'en récompensa en lui confiant aussitôt (20 août) le gouvernement de l'Auvergne, en remplacement du comte de Randan qui servait dans les rangs de la Ligue. Ces premières dignités du jeune prince lui provenaient des dépouilles des partisans de Mayenne. Il reconnut noblement ces faveurs royales en combattant à Arques, où il donna les preuves d'une précoce valeur. A la tête de sa compagnie d'hommes d'armes, il enfonça les chevau-légers du duc de Mayenne, et tua, de sa propre main, leur colonel, Jean Babou de la Bourdaisière, comte de Sagonne. Pour un jeune homme de seize ans, c'était un début plein de promesses. — A la journée d'Ivry, le 14 mars 1590, Auvergne, à la tête de deux cents chevau-légers, dégagea Henri IV qui allait être entouré par un escadron de trois cents cavaliers Wallons. Le titre définitif de gouverneur général d'Auvergne, la place étant devenue vacante par la mort du comte de Randan, tué près de Clermont le jour même de la bataille d'Ivry, et ceux de commandant pour le Roi au Lyonnais, Forez, Beaujolais, La Marche et Bourbonnais, concédés le 1er avril et le 5 mai, récompensèrent ces premiers et brillants services de guerre.

Auvergne était encore à Fontaine-Française, le 30 juin 1595 ; mais il avait le malheur d'avoir pour sœur utérine Henriette de Balsac d'Entragues, marquise de Verneuil, et il se laissa aller à conspirer avec elle et avec son père. La fin tragique du maréchal de Biron, dont il était l'ami, aurait dû cependant lui servir d'exemple. Auvergne et Entragues furent arrêtées et mis à la Bastille, le 9 novembre 1604. Tous deux furent condamnés à mort, par arrêt du Parlement de Paris, du 1er février 1605. Entragues racheta sa tête et sa liberté en rendant au Roi la promesse de mariage que celui-ci avait eu la faiblesse de signer à sa fille Henriette. Auvergne avait aussi un talisman, sa qualité de fils de Charles IX. Henri IV ne voulut pas que les dernières gouttes du sang des Valois allassent rougir le plancher d'un échafaud, mais il le garda prisonnier et Auvergne ne vit s'ouvrir les portes de la Bastille que le 26 juin 1616.

Assagi par ces douze années de prison, le comte d'Auvergne fit preuve d'une fidélité qui lui valut des armées à commander. Dès le 30 septembre de la même année, on le chargeait de marcher contre le duc de Longueville qu'il ne put empêcher de prendre Péronne. Le 4 janvier 1617, il commandait l'armée du Perche et nettoya de rebelles le Maine et le Perche. Cette campagne fut assez vivement menée pour lui permettre de se mettre à la tête de l'armée qui, au mois de mars, marchait sur Soissons où s'étaient jetés le duc de Mayenne et les mécontents. Chemin faisant, il prit par composition le château de Pierrefonds : l'assaut allait être donné à Soissons lorsque l'assassinat du maréchal d'Ancre réconcilia amis et ennemis.

Créé duc d'Angoulême et comte de Ponthieu, en janvier 1619, chevalier des ordres du Roi le 31 décembre suivant, il fut envoyé ambassadeur en Espagne, en mai 1620. On le trouve ensuite commandant l'armée de Haute-Guyenne, par provisions du 19 mai 1621, et chargé de diriger avec succès une des trois attaques contre Montauban; commandant l'armée de Languedoc (pouvoirs du 10 septembre 1622); commandant l'armée devant La Rochelle jusqu'à l'arrivée du Roi (pouvoirs des 27 août, 20 septembre 1627 et 9 février 1628); commandant l'armée d'Allemagne et de Lorraine (pouvoirs du 27 juin 1635); commandant l'armée de Picardie (provisions du 31 août 1636) qui assiégea et prit Corbie le 10 novembre suivant. Enfin, pendant toute l'année 1643, il commandait l'armée de Flandre, d'abord sous le duc d'Enghien, puis en chef, après la bataille de Rocroy, où il combattait à l'âge de soixante-dix ans.

Il mourut, dans son hôtel à Paris, le 24 septembre 1650, à l'âge de soixante-dix-sept ans et demi. Son cœur fut déposé au couvent des Cordeliers, près de son hôtel, et son corps enseveli aux Minimes de la place Royale, dans une chapelle, à gauche en entrant.

Il avait épousé : 1° par contrat passé à Pézénas, le 6 mai 1591, *Charlotte de Montmorency*, fille aînée de Henri, duc de Montmorency, connétable de France, et d'Antoinette de La Marck-Bouillon; elle mourut le 12 août 1636 (le comté d'Alais, en Languedoc, lui fut donné à cette occasion, en échange d'une somme de 150,000 écus qui lui avait été promise); 2° le 25 février

1644, *Françoise de Nargonne,* fille de Charles de Nargonne, baron de Mareuil, et de Léonor de La Rivière. Celle-ci survécut à son mari de soixante-trois ans, et mourut le 10 août 1713, au château de Montmor, en Champagne, à l'âge de quatre-vingt-douze ans, c'est-à-dire cent quarante et un ans après la mort de son beau-père, Charles IX.

Le duc d'Angoulême a laissé de forts curieux *Mémoires,* publiés pour la première fois en 1662, et réimprimés depuis dans toutes les grandes collections.

De son premier mariage, le duc d'Angoulême eut :

1° Henri de Valois, comte de Lauraguais, mort sans alliance, le 8 janvier 1668, à Montigny-Lansoup, où il était enfermé depuis plus de cinquante ans comme atteint de démence, et où il fut inhumé ;

2° Louis, qui suit ;

3° François de Valois, comte d'Alais, baron de Folembray et de Coucy, seigneur de Montigny-Lansoup et de Sézanne, colonel-général de la cavalerie légère de France, mort de maladie à Pézénas, sans laisser d'enfant, le 19 septembre 1622. Son cœur fut apporté aux Minimes de la place Royale. Il avait épousé à Paris, le 26 avril 1622, *Louise-Henriette de la Châtre,* fille unique de Louis de la Châtre, baron de La Maisonfort, maréchal de France, et d'Elisabeth d'Etampes-Valençay, sa seconde femme. Elle se remaria depuis à François de Crussol, puis à Claude Pot, marquis de Rhodes, grand-maître des cérémonies de France.

Charles de Valois, duc d'Angoulême, eut encore deux filles naturelles :

1° Marie de Valois, née d'Isabelle de Crécy, demoiselle noble. Marie fut légitimée en février 1634 et épousa : 1° *David de Hazeville,* seigneur de Gadencourt, lieutenant de l'artillerie ; 2° *David Dadé,* seigneur de Bescheron, près d'Azay-le-Rideau, en Touraine, dont elle eut un fils mort jeune et deux filles ;

2° Anne de Valois, religieuse à l'abbaye de Morienval, le 18 mai 1638.

2. Louis de Valois, duc d'Angoulême, comte de Lauraguais, d'Alais et de Ponthieu, seigneur d'Ecouen, Préaux, Tancarville, Montigny, Sézanne, baron de Coucy et de Folembray, chevalier des ordres du Roi, colonel-général de la cavalerie légère de France, gouverneur de Provence. Il naquit à Clermont-Ferrand, en 1596, et fut d'abord destiné à l'Eglise, pourvu des abbayes de Saint-André de Clermont et de la Chaise-Dieu, et enfin nommé évêque d'Agde en

1612. Il prit le titre de comte d'Alais après la mort de son frère aîné, et suivit la carrière des armes tout en conservant ses bénéfices, qu'il ne résigna qu'en 1629. Il servit au siège de Montauban en 1625, en Italie en 1626, au siège de La Rochelle en 1629, en Lorraine, où il défit la cavalerie du prince Charles, et au combat de Rouvray en 1632. Ce fut en 1637 qu'il reçut, en récompense de ses services, la charge de colonel-général de la cavalerie française. Il avait été créé chevalier des ordres du Roi le 14 mai 1633. Il mourut à Paris le 13 novembre 1653, et fut inhumé à Chaumont-la-Guiche, en Bourgogne.

Le duc d'Angoulême avait épousé, le 8 février 1629, *Henriette de La Guiche*, dame de Chaumont, veuve de Jacques de Matignon, comte de Thorigny, fille aînée et héritière de Philibert de La Guiche, gouverneur du Lyonnais et Beaujolais, grand-maître de l'artillerie de France, et d'Antoinette de Daillon du Lude ; elle mourut à Paris, le 22 mai 1682, et fut inhumée auprès de son mari.

De leur union étaient nés :

1° Louis de Valois, comte d'Auvergne, né à Paris en 1631, mort au château d'Ecouen le 4 octobre 1637, inhumé dans la chapelle d'Angoulême aux Minimes de la place Royale ;

2° Armand de Valois, comte d'Auvergne, né à Paris le 14 juillet 1635, y mourut le 16 novembre 1639, et fut inhumé près de son frère ;

3° François de Valois, comte d'Auvergne, né à Aix en Provence, le 24 avril 1639, mort à Salon de Craux le 10 juillet 1645, inhumé dans l'église de Saint-Sauveur d'Aix, auprès de Henri d'Angoulême, grand-prieur de France ;

4° Marie-Françoise de Valois, duchesse d'Angoulême, comtesse de Lauraguais, d'Alais et de Ponthieu, née le 27 mars 1631, mariée à Toulon, le 3 novembre 1649, à *Louis de Lorraine,* duc de Joyeuse, fils de Charles de Lorraine, duc de Guise, et de Henriette-Catherine, duchesse de Joyeuse, dont elle devint veuve le 27 septembre 1654. Elle fut ensuite enfermée, pour folie, pendant plusieurs années, dans l'abbaye d'Essay, près d'Alençon, y mourut le 4 mai et y fut inhumée le 6 mai 1695.

Enfant naturel du duc d'Angoulême.

Antoine-Charles-Louis de Valois, appelé le Chevalier d'Angoulême, légitimé en août 1677. Il était premier gentilhomme du prince de Conty, qu'il accompagna dans son voyage de Hongrie.

Il assista aux sièges de Mons et de Namur, et se signala à la bataille de Steinkerque, le 3 août 1692. Il fut fait chevalier de Saint-Lazare en 1696 et mourut sans alliance le 25 septembre 1701, âgé de cinquante-deux ans. — Il laissa une fille naturelle, qui se maria, et à laquelle il donna 40,000 livres. On n'a pu retrouver ni son nom ni son alliance.

CHAPITRE III

DUCS DE LONGUEVILLE (ISSUS DES DUCS D'ORLÉANS)

1. Louis de France, duc d'Orléans, second fils de Charles V et de Jeanne de Bourbon, eut un fils naturel, qui suit, de Mariette d'Enghien, femme d'Aubert Le Flamenc, chevalier, sire de Cany en Picardie. Si Jean était bâtard, il n'était pas moins par sa mère de grande et illustre lignée du Hainaut. Quant à Jean Le Flamenc, sire de Cany, qui avait à se plaindre de sa femme, il était issu en ligne directe de Raoul Le Flamenc, sire de Cany, maréchal de France.

2. Jean, bâtard d'Orléans, comte de Dunois et de Longueville, grand chambellan de France, né en 1403. Le fameux bâtard d'Orléans fut une des plus grandes figures du xve siècle. Pour écrire sa biographie en détail, il faudrait retracer l'histoire du règne de Charles VII. Nous nous bornerons à en esquisser les traits principaux.

Valentine de Milan, veuve de Louis, duc d'Orléans, assassiné dans la rue Barbette, à Paris, le 24 novembre 1407, et qui mourut de chagrin de n'avoir pu venger la mort de son mari, avait fait élever le fils illégitime avec les deux fils légitimes. En montrant l'enfant, elle avait coutume de dire « qu'il n'y avoit à peine des enfans du duc, qui fust si bien taillé à venger cette mort, qu'estoit celluy cy ». Cette prophétie se vérifia, car si Dunois, vu son jeune âge, dut laisser au dauphin Charles le soin de venger directement le meurtre sur celui qui l'avait ordonné, il fut toute sa vie l'adversaire irréconciliable de Philippe le Bon, et combattit les Bourguignons avec autant d'acharnement que les Anglais. Il défendit le Mont-Saint-Michel contre les Anglais (1425), les défit devant Montargis (1427), contribua puissamment à la glorieuse défense d'Orléans, et avec Jeanne d'Arc dont il seconda les projets, conduisit le Roi à Reims après avoir battu les Anglais à Patay, le 15 juin de la même année (1429). Il était avec la Pucelle lors de l'assaut infructueux livré à Paris. En 1432, il surprit Chartres. En 1440, mécontent des réformes militaires et administratives du Roi, il se joignit à la ligue des Princes, connue sous le nom de *Praguerie* ; mais il ne tarda pas à la quitter, et comme lieutenant-général de Charles VII, il commanda l'armée qui chassa les Anglais de la Normandie et de la Guyenne (1449-1451). Plus tard, en 1456, il fut chargé de poursuivre le dauphin Louis, révolté contre son père, et d'arrêter le duc d'Alençon. Aussi, mis en disgrâce et privé de tous ses domaines à l'avènement de Louis XI, entra-t-il dans la *Ligue du bien public* qui, sous ce nom captieux, ne tendait à rien moins qu'au démembrement du royaume. Dunois, qui connaissait trop bien le nouveau roi, s'était écrié, en apprenant la mort de Charles VII : « Nous avons perdu nostre maistre, que chacun songe à se pourvoir ».

Quoique Louis XI poursuivit d'une haine implacable tous ceux qui avaient adhéré à cette rébellion, il consentit, néanmoins, par le traité de Conflans, à restituer à Dunois tous les biens et dignités dont il avait été privé. Mais à partir de cette époque jusqu'à sa mort (24 novembre 1468), le vieux guerrier vécut dans la retraite et ne fut plus mêlé au mouvement politique.

Charles VII l'avait déclaré prince du sang légitime et apte, ainsi que ses descendants, à succéder au trône. Dunois était lettré, orateur et diplomate habile.

Un sceau de lui, attaché à la quittance d'une somme de 400 écus d'or que le Roi lui avait donnée, le 4 février 1428, dans laquelle il est qualifié comte de Mortain et grand chambellan de France, porte les armes d'Orléans, *d'azur à trois fleurs de lys d'or, au lambel d'argent en chef, brisé d'un bâton en barre brochant.* (Coll. de Clérambault, vol. 82, p. 6457, Bibl. nat.) Il n'avait donc pas encore été légitimé à cette date. Il mourut à Lay, près de Paris, le jeudi 24 novembre 1468. Son corps fut enterré dans l'église de Notre-Dame de Cléry, et son cœur à Châteaudun. — Il avait épousé, 1° *Marie Louvet,* fille aînée de Jean Louvet, président de la Cour des comptes de Provence, et n'en eut pas d'enfants; il n'était encore que le petit bâtard d'Orléans et rien ne faisait prévoir encore ses hautes destinées; c'est ce qui explique cette très modeste alliance; Marie Louvet était seulement puissamment riche; 2° le 6 octobre 1439, *Marie d'Harcourt,* fille de Jacques d'Harcourt, baron de Montgommery, et de Marguerite de Melun, comtesse de Tancarville. Elle mourut à Chousey-sur-Loire, le 1er septembre 1464, et fut inhumée à Notre-Dame de Cléry. — D'elle étaient nés :

1° Jean d'Orléans, mort sans alliance;

2° François, qui suit;

3° Marie d'Orléans, alliée le 16 août 1466, à *Louis de La Haye,* seigneur de Beaumont, fils de Jean de La Haye, seigneur de Passavent et de Mortagne en Poitou, et de Isabeau de Blamont. L'un des enfants issus de cette union, Antoine de La Haye, abbé de Saint-Denis, fut inhumé dans son église abbatiale. Son épitaphe rapportait qu'il était issu du sang royal de France. (Sainte-Marthe, *Histoire de la Maison de France.*)

4° Catherine d'Orléans, mariée par contrats du 16 mai 1467 et du 14 février 1468, à *Jean de Saarbruck,* comte de Roucy, fils puîné de Robert de Saarbruck, damoiseau de Commercy, et de Jeanne, comtesse de Roucy. Elle fut dotée de 20,000 écus d'or. Elle mourut sans enfants, à Bray-sur-Seine, le 30 mai 1501.

Fils naturel de Jean, bâtard d'Orléans.

5° Jean d'Orléans, bâtard de Dunois. On ne connaît de lui que deux choses. Il était porté, pour une pension de 300 livres, sur le compte du Receveur général des finances de Normandie, pour l'année 1492 ; et pour une pension de 400 livres, sur le compte du Receveur général des finances de Picardie, pour l'année 1508. Dans cette pièce, il est qualifié écuyer.

3. François d'Orléans, comte de Longueville, de Dunois, de Tancarville et de Mongommery, vicomte de Melun, seigneur de Parthenay, gouverneur de Normandie et du Dauphiné, grand chambellan de France. — Il fut probablement légitimé, quoique l'on n'en ait pu retrouver les lettres, ou profitat-il de la déclaration de Charles VII concernant son père ? Toujours est-il qu'il portait et transmit à ses descendants les armes d'Orléans, avec une simple brisure de

puînesse, au lieu de la brisure de bâtardise que portait son père. Ce fait est prouvé par les deux sceaux de son fils, dont il est parlé plus bas. — Il naquit en 1447, fut nommé gouverneur du Dauphiné le 24 décembre 1483, grand chambellan de France en 1485, et mourut d'apoplexie en 1491. Il fut enterré à Notre-Dame de Cléry. — Il avait épousé *Agnès de Savoie,* fille puînée de Louis, duc de Savoie, et d'Anne de Chypre, par contrat passé à Montargis, le 2 juillet 1486. De cette union sont issus :

1° François d'Orléans, duc de Longueville, comte de Dunois, de Tancarville et Montgommery, prince de Chastelaillon, vicomte de Melun, grand chambellan de France, connétable héréditaire de Normandie, gouverneur de Guyenne, capitaine de 50 lances des ordonnances du Roi. C'est pour lui que Longueville fut érigé en duché, en mai 1505. La collection de Clairambault conserve deux sceaux de ce personnage (vol. 131 et 132, p. 1609 et 1615, Bibl. nat.). Tous deux scellent des quittances des gages de son office de capitaine de 50 lances, du 26 octobre 1504, et du 20 décembre 1513. L'écu, aux armes d'Orléans, est brisé d'un bâton en bande, signe de puînesse, qui a remplacé le bâton en barre, marque de bâtardise. Il accompagna Charles VIII à la conquête de Naples, en 1495, et Louis XII en Italie en 1502. Il mourut à Châteaudun, en février 1512, et fut enterré dans l'église de Notre-Dame de Cléry. — Il avait épousé, par contrat passé à Blois, le 6 avril 1505, *Françoise d'Alençon,* fille aînée de René, duc d'Alençon, et de Marguerite de Lorraine. Elle reçut en dot 80,000 livres, et son mari lui constitua une rente viagère de sept mille livres. Elle se remaria avec Charles de Bourbon, duc de Vendôme, et fut mère d'Antoine, roi de Navarre. Leurs enfants furent : A. Jacques d'Orléans, mort jeune, et inhumé dans l'église de Châteaudun ; B. Renée d'Orléans, morte à Paris, le 23 mai 1515, âgée de sept ans, et inhumée dans l'église des Augustins de Paris, où elle avait son tombeau en marbre, dans la chapelle d'Orléans ;

2° Louis d'Orléans, qui suit ;

3° Jean d'Orléans, cardinal, archevêque de Toulouse à 19 ans, évêque d'Orléans, né *posthume* à Parthenay, mort à Tarascon, le 24 septembre 1533, âgé de 42 ans. Son cœur fut inhumé dans la chapelle de Châteaudun, dont il avait fait bâtir le château ;

4° Anne d'Orléans, mariée le 10 août 1494, à Vienne, en Dauphiné, à *André, seigneur de Chauvigny*, et de Châteauroux, vicomte de Brosse. Elle mourut sans enfants, vers le mois de juillet 1499.

Enfant naturel.

5° Jean, bâtard de Dunois, mentionné dans les comptes de la maison de Longueville, de 1517 à 1523, comme ayant une pension de 200 livres.

4. Louis d'Orléans, duc de Longueville, comte souverain de Neufchâtel en Suisse, marquis de Rothelin (en Brisgau), comte de Dunois, de Tancarville et de Montgommery, prince de Chatelaillon, vicomte de Melun, seigneur de Montreuil-Bellay, Parthenay, etc., etc..., chevalier de l'ordre du Roi, grand chambellan de France, gouverneur de Provence, capitaine de la première compagnie des cent gentilshommes de la maison du Roi. Il assista, en 1506, à la bataille d'Agnadel, commandait en Picardie en juillet 1513, fut fait prisonnier à la journée des Eperons (autrement dit la bataille de Guinegatte, le 16 août 1513) fut conduit à Londres, et taxé à 100,000 écus de rançon. Pendant sa captivité il négocia le mariage de Louis XII avec Marie d'Angleterre. Il assista à la bataille de Marignan, et mourut le 1er août 1516, à Beaugency. — Il avait épousé, en 1504, *Jeanne de Hochberg*, marquise de Rothelin et comtesse de Neufchâtel en Suisse, fille unique et héritière de

Philippe, marquis de Hochberg, comte souverain de Neufchâtel, seigneur de Rothelin, Badonvillers, Saint-Georges et Sainte-Croix, et de Marie de Savoie. Elle mourut à Espoisses en Bourgogne, le 21 septembre 1543, laissant :

1° Claude d'Orléans, duc de Longueville, comte souverain de Neufchâtel, comte de Dunois et de Tancarville, pair et grand chambellan de France, capitaine de soixante hommes d'armes des ordonnances. — Né vers 1508, il fut tué, au siège de Pavie, d'un coup de mousquet à l'épaule, le 9 novembre 1524, à l'âge de dix-sept ans.

Fils naturel.

Malgré son jeune âge, Claude laissa un fils naturel,

Claude, bâtard de Longueville, allié à *Marie de la Boissière,* dont il eut : Jacqueline d'Orléans, mariée à Châlons, le 24 novembre 1575, à *Pierre de Brizay,* chevalier, seigneur de Denonville, fils de François de Brizay et de Marie de Hémar.

2° Louis d'Orléans, duc de Longueville, souverain de Neufchâtel, marquis de Rothelin, comte de Dunois et de Tancarville, pair et grand chambellan de France, capitaine de soixante hommes d'armes des ordonnances ; né à Blandy, le 5 juin 1510. Il épousa, le 4 août 1534, à Paris, *Marie de Lorraine,* fille de Claude de Lorraine, duc de Guise, et d'Antoinette de Bourbon. En 1538, sa veuve se remaria avec Jacques V, roi d'Ecosse. De leur union étaient nés :

1° François d'Orléans, duc de Longueville, surnommé le *petit duc,* né à Châteaudun, le 30 octobre 1535, mort sans alliance, à Amiens, le 22 septembre 1551 ;

2° Louis d'Orléans, né posthume à Châteaudun, le 4 août 1536, mort le 7 décembre suivant, et y fut enterré, ainsi que son frère qui précède.

3° François d'Orléans, qui suit ;

4° Charlotte d'Orléans, née le 1er novembre 1512, mariée à *Philippe de Savoie,* duc de Nemours, fils de Philippe, duc de Savoie, et de Claude de Bretagne, le 22 décembre 1528. Elle mourut à Dijon le 8 septembre 1549.

5. François d'Orléans, marquis de Rothelin, comte de Neufchâtel, prince de Chastelaillon, vicomte de Melun, seigneur de Beaugency, La Brosse, Crotoy, Montreuil-sur-Mer, Blandy, Noyers, Vilaines, etc., etc..., né à Châteaudun, le 11 mars 1513, mort le 25 octobre 1548, et enterré à Châteaudun. Il avait épousé à Lyon, le

19 juillet 1536, *Jacqueline de Rohan,* fille de Charles de Rohan, seigneur de Gié, et de Jeanne de Saint-Séverin, qui mourut en 1586. D'eux sont nés :

1° Léonor d'Orléans, qui suit ;

2° Françoise d'Orléans, mariée à Vendôme, le 8 novembre 1565, à *Louis de Bourbon,* prince de Condé ; elle mourut à Paris, dans l'hôtel de Soissons, le 11 juin 1601, et fut inhumée dans l'église de la Chartreuse de Gaillon, le 20 janvier 1602.

Fils naturel.

3° François d'Orléans, bâtard de Rothelin, *auteur de la branche des marquis de Rothelin,* qui suivra après celle-ci.

6. Léonor d'Orléans, duc de Longueville et d'Estouteville, souverain de Neufchâtel et de Valengin, comte de Dunois, Saint-Paul, Tancarville et Montgommery, chevalier de l'ordre du Roi, pair et grand chambellan de France, gouverneur de Picardie, Boulonnais, Artois et pays reconquis, capitaine de cent hommes d'armes des ordonnances. — Il fut fait prisonnier à la bataille de Saint-Quentin, en 1557, et assista à la bataille de Moncontour, en 1569. — Par lettres du 5 avril 1571, le Roi lui donna, et à ses descendants après lui, le premier rang après les princes du sang. Il mourut à Blois, en août 1573, âgé de 33

ans, et fut inhumé dans la chapelle de Châteaudun. — Allié le 2 juillet 1563 à *Marie de Bourbon*, duchesse d'Estouteville, veuve de François de Clèves, duc de Nevers, et de Jean de Bourbon, duc d'Enghien, et fille unique de François de Bourbon, comte de Saint-Paul, et d'Adrienne, duchesse d'Estouteville ; elle mourut le 7 (*alias* 28) avril 1601, et fut inhumée dans l'abbaye de Vallemont. Leurs enfants furent :

1° Deux fils, nommés Charles, morts en bas âge ;

2° Henri d'Orléans, qui suit ;

3° François d'Orléans, comte de Saint-Paul, Fronsac et Château-Thierry, chevalier des ordres du Roi, gouverneur d'Orléans, de Blois et de Tours, et de Picardie par intérim et pendant la minorité d'Henri d'Orléans, son neveu ; créé duc de Fronsac en janvier 1608 ; mort à Châteauneuf-sur-Loire le 7 octobre 1631, et inhumé à Châteaudun, dans la chapelle. — Allié à Paris, le 5 février 1595, à *Anne de Caumont*, marquise de Fronsac, veuve d'Henri d'Escars, prince de Carency, fille de Geoffroy, baron de Caumont, et de Marguerite de Lustrac, marquise de Fronsac ; d'eux est né le seul :

Léonor d'Orléans, duc de Fronsac, né à Amiens, le 9 mars 1605, tué au siège de Montpellier, le 3 septembre 1622, et enterré à Châteaudun.

4° Léonor d'Orléans, mort enfant ;

5° Catherine d'Orléans, demoiselle de Longueville, morte aveugle, à Paris, et sans alliance, en 1638, et enterrée aux Carmélites du faubourg Saint-Jacques.

6° Antoinette d'Orléans, dame de Châteaugontier, femme de *Charles de Gondy*, marquis de Belle-Isle, fils d'Albert de Gondy, duc de Retz, maréchal de France, et de Claude-Catherine de Clermont. Devenue veuve en 1596, elle se fit feuillantine à Toulouse en 1599 ; elle mourut abbesse du Calvaire à Poitiers, le 25 avril 1628.

7° Marguerite d'Orléans, demoiselle d'Estouteville, morte sans alliance, le 13 septembre 1615, âgée de quarante-neuf ans, et inhumée aux Carmélites du faubourg Saint-Jacques.

8° Eléonore d'Orléans, mariée en 1596 avec *Charles de Matignon*, comte de Torigny et de Moyon, prince de Mortagne, fils de Jacques de Matignon, maréchal de France, et de Françoise de Daillon, chevalier des ordres du Roi, lieutenant général en Basse-Normandie.

7. Henri d'Orléans, duc de Longueville, sou-

verain de Neufchâtel et de Valengin en Suisse, comte de Dunois et de Tancarville, grand chambellan de France, chevalier des ordres du Roi, gouverneur de Picardie. — Il défit les ligueurs au combat de Senlis, en mai 1589, et servit fidèlement le roi Henri IV. Il mourut à Amiens, le 19 avril 1595, d'un coup de mousquet à la tête reçu à Doullens, pendant son entrée solennelle dans cette ville quelques jours auparavant ; il était âgé de vingt-sept ans. — Il fut enterré à Châteaudun. Il avait épousé, à Paris, le 28 février 1588, *Catherine de Gonzague-Clèves,* fille de Louis de Gonzague, prince de Mantoue, duc de Nevers, et d'Henriette de Clèves, duchesse de Nevers. Il mourut à Paris, le 1er décembre 1629, laissant un seul fils qui suit :

8. Henri d'Orléans, duc de Longueville et d'Estouteville, prince de Neufchâtel et de Valengin, comte de Dunois, de Tancarville et de Saint-Paul, chevalier des ordres du Roi, gouverneur de Picardie et de Normandie ; né le 27 avril 1595. Il prit part aux guerres des princes mécontents contre la cour (1614, 1616), mais il se rallia et servit avec une fidélité qui lui valut une constante faveur. En 1619, il échangea le gouvernement de Picardie contre celui de Normandie. En 1621, il servit comme volontaire dans l'armée qui força le pas de Suze, au mois de mars. Pourvu de commandements de corps d'armée, il se distingua en

Franche-Comté, en 1637, en Allemagne, où il commanda quelque temps l'armée après la mort du duc de Weimar (1639), et en Piémont (1642). Nommé membre du conseil de Régence à la mort de Louis XIII, il fut envoyé, en 1645, comme négociateur à Munster, et fut l'un des chefs de la première Fronde. Arrêté au Palais-Royal avec les princes de Condé et de Conti, le 18 janvier 1650, et relâché avec eux l'année suivante, il ne se mêla pas à la seconde guerre civile. Il mourut à Rouen le 11 mai 1663 et fut inhumé à Châteaudun. Il se maria deux fois : 1° le 30 avril 1617, avec *Louise de Bourbon,* fille de Charles de Bourbon, comte de Soissons, et d'Anne de Montafié, qui mourut le 9 septembre 1637, après lui avoir donné, 1° deux fils morts en bas âge, l'un né le 12 juin 1626, et mort le 6 juin 1628, l'autre mort en naissant, le 19 juin 1634 ; 2° *Marie d'Orléans, Mademoiselle de Longueville,* née à Paris le 5 mars 1625, mariée le 22 mai 1657 à *Henri de Savoie, duc de Nemours,* morte à Paris le 16 juin 1707, et inhumée aux Carmélites de la rue Chapon. — 2° En secondes noces, Henri d'Orléans, le 2 juin 1642, épousa *Anne-Geneviève de Bourbon,* fille de Henri de Bourbon, prince de Condé, et de Charlotte-Marguerite de Montmorency. Elle mourut à Paris, le 15 août 1679, et fut inhumée au couvent des Carmélites du faubourg Saint-Jacques. Elle laissait pour enfants :

1° Jean-Louis-Charles d'Orléans, duc de Longueville, né à Paris, le 12 janvier 1646, qui se fit jésuite le 24 novembre 1666, et mourut presque fou à l'abbaye de Saint-Georges, près de Rouen, « où il n'étoit vu de personne » (Saint-Simon), le 4 février 1694; il était connu sous le nom d'abbé d'Orléans;

2° Charles-Paris d'Orléans, qui suit;

3° Charlotte-Louise d'Orléans, *Mademoiselle de Dunois,* née à Paris, le 4 février 1644, morte le 10 avril 1645, inhumée aux Carmélites du faubourg Saint-Jacques;

4° Marie-Gabrielle d'Orléans, morte en bas âge en 1650.

Fille naturelle.

5° Catherine-Angélique d'Orléans, née de Jacqueline d'Illiers, d'une très noble famille issue des anciens comtes de Vendôme, et illustrée par Florent d'Illiers, un des meilleurs capitaines de Charles VII; elle était alors abbesse de Saint-Avy, près Châteaudun. Catherine-Angélique d'Orléans fut légitimée en mai 1634; devint abbesse de Saint-Pierre de Reims, le 27 février 1645, puis de Maubuisson, en juin 1653, et y mourut le 16 juillet 1664, âgée de quarante-sept ans.

9. Charles-Paris d'Orléans, duc de Longueville et d'Estouteville, prince de Neufchâtel et de Valengin, comte de Saint-Paul, né à l'Hôtel de Ville de Paris, le 28 janvier 1649, vers minuit, accompagna le Roi en Flandre, en 1667 et 1668 ; fut tué au passage du Rhin le 12 juin 1672, et inhumé le 9 août suivant, dans la chapelle d'Orléans des Célestins de Paris. Il n'était pas marié et laissait seulement un fils naturel né de la maréchale de la Ferté :

Charles-Louis d'Orléans, chevalier de Longueville, légitimé le 7 septembre 1672, tué d'un coup de mousquet dans la tranchée de Philisbourg, où il servait comme volontaire dans le régiment de Feuquières, en novembre 1688. Il n'était pas marié.

Ainsi cette branche qui avait commencé par un bâtard, finit également par un bâtard.

MARQUIS DE ROTHELIN

(Issus d'un bâtard de la branche bâtarde qui précède.)

Armes de la branche de Rothelin : *Ecarté aux 1 et 4 de Bade-Hochberg, qui est d'or à la bande de gueules; aux 2 et 3 de Neufchâtel, qui est d'or au pal de gueules chargé d'un chevron de trois pièces d'argent, et sur le tout d'Orléans-*

Longueville, de France, au lambel d'argent en chef, à une cotice en barre d'argent, brochante.

5. François d'Orléans, marquis de Rothelin, eut un fils naturel, qui suit, de Françoise Blosset, dame de Colombières et du Plessis-Pasté, fille de Jean Blosset, baron de Torcy, et d'Anne de Cugnac de Dampierre; elle se maria depuis, avec Jean de Briqueville, d'une famille normande qui eut de l'illustration dans les armées de terre et de mer.

6. François d'Orléans, bâtard de Rothelin, baron de Varenguebec et de Néaufle, chevalier de l'ordre du Roi, gentilhomme ordinaire de sa chambre, lieutenant des gendarmes du duc de Longueville et gouverneur de Verneuil. Il mourut en 1600 et fut inhumé à Néaufle, en Normandie. Il épousa, le 2 février 1582, *Catherine Duval,* fille de Tristan Duval, maître des comptes, et de Madeleine Saint-André. D'eux sont issus :

1° Henri d'Orléans, qui suit ;

2° Léonor d'Orléans, lieutenant général de l'artillerie, mort au siège de la Rochelle, sans alliance, en 1628 ;

3° Catherine d'Orléans, religieuse à Fontevrault ;

4° Henriette d'Orléans, alliée, le 10 mars

1609, à *Louis, marquis de Coëtquen,* gouverneur de Saint-Malo.

7. Henri d'Orléans, marquis de Rothelin, baron de Varenguebec, Neaufle et Hugueville, gouverneur de Reims et de Verneuil, mort le 28 mars 1657. Il avait épousé, le 12 février 1620, *Catherine-Henriette de Loménie,* fille d'Antoine de Loménie, seigneur de la Ville-aux-Clercs, secrétaire d'Etat, et d'Anne d'Ausbourg de Porcheux. Elle mourut le 28 février 1667, laissant :

1° Marc-Antoine d'Orléans, marquis de Rothelin, allié, en 1643, à *Anne de Bauquemare,* fille de Charles de Bauquemare, seigneur de Bourdeny, président des requêtes du Palais, à Paris. Il mourut le 14 juin 1644, et elle en mars 1693. Ils n'avaient eu qu'un fils, N..., mort en 1650, âgé de six ans ;

2° Henri-Auguste, qui suit ;

3° François d'Orléans, comte de Rothelin, seigneur de Néaufle, baptisé le 12 décembre 1627, reçu chevalier de Malte en 1632, puis mestre de camp d'un régiment de cavalerie allemand, en 1659 ; mourut en 1686. Sa femme, *Charlotte de Biencourt,* fille de Charles de Biencourt, seigneur de Poutrincourt, et de Marie d'Epinoy, lui avait donné :

1° Jean-François-Antoine d'Orléans, comte de Rothelin, mort au service du Roi, à l'âge de vingt-sept ans, en 1695; sans enfants de Françoise de Belleval, sa femme, épousée en 1693, fille de François de Belleval, chevalier, seigneur de Belleval en Vimeu, Bois-Robin, la Neuville et Aigneville, et de Marguerite de Gallye;

2° Léonor - Gabriel - Jean - Baptiste d'Orléans, chevalier de Rothelin, enseigne de vaisseau, tué à l'âge de dix-huit ans au combat de la Manche, en juillet 1590;

3° François - Marie - Antoine - Alexis d'Orléans, comte de Rothelin, seigneur de Néaufle, vivant sans alliance en 1723;

4° Anne d'Orléans, Mademoiselle de Rothelin, morte sans alliance, âgée de quinze ans, en 1684.

4° Gabriel d'Orléans, abbé de Josaphat, doyen de Gournay en Bray, mort le 31 juillet 1714;

5° Marie-Catherine d'Orléans, religieuse à l'abbaye de Chelles;

6° Marie-Madeleine d'Orléans, morte sans alliance, le 18 octobre 1694.

8. Henri-Auguste d'Orléans, marquis de Ro-

thelin, baron de Varenguebec, Néaufle et Hugueville, gouverneur de Reims, maréchal de camp, le 9 janvier 1637. Allié 1° à *Marie le Bouteiller de Senlis*, fille de Jean le Bouteiller de Senlis, comte de Mouchy, et d'Isabelle de Prunelé, et veuve de Charles de Brichanteau, marquis de Nangis, le 12 novembre 1653 ; elle mourut le 30 juin 1659 ; 2° à *Marie-Thérèse de Conflans,* veuve de Philippe de Miremont, seigneur de Bérieux, et fille de Pierre de Conflans, baron de Rosnay, et d'Anne de Bossut de Longueval, en 1672. — Du premier mariage seulement naquirent des enfants qui furent :

1° Henri d'Orléans qui suit ;

2° N... et N..., filles mortes en bas âge ;

3° Marie - Jeanne - Catherine - Henriette d'Orléans, alliée 1° le 22 décembre 1684, à *Maximilien-François, marquis de Béthune-Orval* ; 2° en août 1688, à *Charles-François Bourdin d'Assy*, capitaine au régiment de Vermandois.

9. Henri d'Orléans, marquis de Rothelin, comte de Mouy, baron de Varenguebec, premier des guidons des gendarmes de la garde du Roi, né le 13 avril 1655, mort des blessures qu'il reçut au combat de Leuze, le 19 septembre 1691. Il avait épousé en avril 1675, *Gabrielle-Eléonore de Montaut*, fille de Philippe de Montaut, duc de

Navailles, maréchal de France, et de Suzanne de Baudéan ; elle mourut le 30 août 1698, et fut enterrée aux Jacobins du faubourg Saint-Germain. De leur union étaient issus :

1° Philippe d'Orléans, marquis de Rothelin, colonel du régiment d'Artois, né le 25 septembre 1678, mort à Paris, le 25 août 1715, sans alliance, et inhumé à Mouchy-le-Vieux ;

2° Alexandre d'Orléans, qui suit ;

3° Charles d'Orléans, abbé de Rothelin, docteur en théologie, né le 5 août 1691, membre de l'Académie française en 1728, et de l'Académie des inscriptions en 1732, mort à Paris le 17 juillet 1744 ;

4° Françoise-Gabrielle d'Orléans, abbesse de Valogne, puis de Saint-Ausony d'Angoulême, née le 3 mai 1676 ;

5° Suzanne d'Orléans, née le 11 juillet 1677, mariée, en 1693, à *Charles Martel,* comte de Clère ;

6° Radegonde d'Orléans, née le 11 novembre 1679, mariée le 8 juillet 1694 à *Marc-Auguste de Briquemault,* seigneur dudit lieu, près Montargis.

10. Alexandre d'Orléans, marquis de Rothelin, enseigne de la colonelle du régiment d'Artois, 1701, capitaine dans le même régiment le

12 juillet 1702; fait prisonnier à la bataille d'Hochstedt, en 1704 ; nommé guidon de la compagnie des gendarmes écossais, le 13 janvier 1706, assiste à la bataille de Ramillies, le 23 mai suivant, sous-lieutenant des chevau-légers de Berry, le 27 avril 1707, fait la campagne de Flandre et est nommé mestre de camp de cavalerie, le 26 octobre suivant; assiste aux batailles d'Oudenarde, en 1708, de Malplaquet, en 1709; étant entré dans Aire assiégée par les ennemis, il y sert en qualité de volontaire, il a une cuisse fracassée d'un coup de feu dans la sortie du 23 mai 1710, et est fait prisonnier; brigadier des armées du Roi, le 1er février 1719, gouverneur de Blavet, de Port-Louis, Hennebon et Quimperlé, le 10 novembre 1731; maréchal de camp le 1er août 1734; lieutenant général le 1er janvier 1748; né le 15 mars 1688. Il avait épousé, le 29 juillet 1716, avec dispense du Pape, sa nièce, *Mariette-Philippe-Henriette Martel,* fille de Charles Martel, comte de Clère, et de Suzanne d'Orléans-Rothelin.

CHAPITRE IV

SUITE DE LA MAISON DE VALOIS

Dans la branche des comtes d'Artois, issue de Robert de France, comte d'Artois, troisième fils de Louis VIII, roi de France, et de Blanche de Castille, et terminée par Charles d'Artois, comte d'Eu, mort sans enfants le 25 juillet 1472, on ne trouve qu'un seul enfant naturel :

> Guillaume, bâtard d'Eu, fils naturel de Jean d'Artois, comte d'Eu, qui mourut le 6 avril 1386. Son existence a été révélée par les registres du Parlement, où on le voit plaider, en 1414, avec Jeanne d'Artois, comtesse de Dreux, contre quelques particuliers.

Il portait pour armes : *Semé de France, au lambel de quatre pendants de gueules, chaque pendant chargé de trois châteaux d'or, brisé d'une barre d'argent.*

CHAPITRE V

ROIS DE NAPLES ET DE SICILE

Dans la branche des rois de Naples et de Sicile, et dans ses rameaux des princes de Tarente et des ducs de Duras, tous issus de Charles de France, roi de Naples, de Sicile et de Jérusalem, septième fils de Louis VIII, roi de France, et de Blanche de Castille, on ne trouve que très peu d'enfants illégitimes. Ce sont les suivants :

§ 1er.

Galéas, fils naturel de Charles II de France, roi de Naples, de Sicile et de Jérusalem. Jean Villani rapporte qu'il fut chassé de Tortone par le marquis de Montferrat, en 1301.

Ses armes étaient : *Parti, au 1er semé de France, au 2e de Jérusalem, qui est d'argent à la croix potencée d'or, cantonnée de quatre croisettes de même, brisé d'une cotice de gueules en barre sur le tout.*

§ 2.

Marie, fille naturelle de Robert de France, roi de Naples et de Sicile ; elle eut la tête tranchée, en 1382, par ordre de Charles, duc de Duras, comme complice de la mort d'André de Hongrie, roi de Naples.

Mêmes armes que ci-dessus.

§ 3.

Filles naturelles de Louis de Tarente, roi de Sicile.

Esclabonde de Tarente, femme de *Louis de Capoue,* comte d'Altavilla, desquels sont issus les comtes d'Altavilla, les princes de La Riccia et les ducs de Termole, en royaume de Naples.

Armes : *Ecartelé aux* 1 *et* 4 *semé de France, au lambel à quatre pendants de gueules, aux* 2 *et* 3 *de gueules à la croix d'or, accompagnée de quatre besants d'argent, chacun chargé d'une croix de sinople, à la barre d'argent brochante sur le tout.*

Filles naturelles de Philippe, prince de Tarente.

N... de Tarente, femme de *Léonard de Tocco,* comte de Céphalonie et de Zante, qui vivait encore en 1373.

N... de Tarente, femme de *Louis, empereur titulaire de Bulgarie.*

Mêmes armes que ci-dessus.

§ 5.

Enfin, Ladislas de Sicile-Duras, roi de Naples, de Sicile et de Hongrie, eut deux enfants naturels, savoir :

A. 1. Renaud de Duras, prince titulaire de Capoue, sans avoir la jouissance de cette principauté, né d'une dame de Gayette, enterré dans la grande église de Foggia ; il laissa : 1° François qui suit ; 2° Catherine ; 3° Camille ; 4° Hippolyte.

2. François de Duras, père du suivant ;

3. Renaud II de Duras, marié à *Camille Tornocella,* mort sans enfants, le 1er septembre 1494, et inhumé dans la grande église de Foggia. Il n'avait que vingt-cinq ans.

B. Marie de Duras, morte jeune.

Armes : *Semé de France, au lambel à quatre pendants de gueules en chef, au sautoir de gueules brochant sur le tout.*

CHAPITRE VI

BRANCHE DES COMTES D'ÉVREUX, ROIS DE NAVARRE

(Issus de Louis de France, comte d'Evreux, fils puîné de Philippe III, dit le Hardi, roi de France, et de Marie de Brabant, sa deuxième femme.)

§ I.

Philippe de Navarre, comte de Longueville, fils puîné de Philippe d'Evreux, roi de Navarre, et de Jeanne de France, et par conséquent frère puîné de Charles II le Mauvais, roi de Navarre, eut deux enfants naturels :

Armes : *Semé de France, au bâton componé d'hermines et de gueules, brisé d'une barre d'argent.*

— Lancelot, bâtard de Longueville, reçut, en 1371, de Charles II, roi de Navarre, son oncle, 150 livres par an, tant qu'il demeurerait dans la compagnie du duc de Bretagne.

— Robine, bâtarde de Longueville. Elle et

Jeannette d'Aisi, sa mère, reçurent un don de 100 livres, en 1367, de Louis de Navarre, comte de Beaumont-le-Roger.

§ 2.

Charles II, dit le Mauvais, roi de Navarre, eut deux enfants naturels :

1° Lionel, bâtard de Navarre, qui a donné naissance à la branche des maréchaux de Navarre, qui va suivre ;

2° Jeanne, bâtarde de Navarre, alliée à *Jean de Béarn*, gouverneur du château de Lourdes en Bigorre.

MARÉCHAUX DE NAVARRE

Armes : *Ecartelé, aux* 1 et 4 *de Navarre, de gueules, au rais d'escarboucle pommeté d'or ; aux* 2 *et* 3 *d'Evreux, d'azur semé de fleurs de lys d'or, au bâton componé d'argent et de gueules, à la barre d'argent brochant sur le tout.*

1. **Lionel, bâtard de Navarre, fils de Charles II**, roi de Navarre, et, selon M. de Sainte-Marthe, de Blanche de Lissaraçu, assista au couronnement de Charles III, roi de Navarre, en 1389, et signa le contrat de mariage de Blanche, infante de Navarre, avec Martin d'Aragon, roi de Sicile,

en 1401. De sa femme, dont le nom est inconnu, il eut un fils qui suit :

2. Philippe de Navarre, maréchal de Navarre ; il souscrit avec plusieurs seigneurs le traité de paix fait, en 1436, entre Jean d'Aragon, roi de Navarre, et Alphonse V, roi d'Aragon, avec Jean, roi de Castille. — Il mourut en 1450 laissant de sa femme, dont le nom est inconnu, un fils qui suit :

3. Pierre de Navarre, maréchal de Navarre, assassiné à Pampelune, qu'il défendait, par Philippe de Beaumont, le 3 décembre 1471. Il s'était rendu sous condition de la vie sauve. Il eut deux fils :

1° Philippe, maréchal de Navarre, tué sur le chemin de Sanguesa à Villefranche, en 1480, par le comte de Lérin, dont il avait dû épouser la fille, et qui vengeait ainsi la rupture de la promesse de mariage ;

2° Pierre, qui suit.

4. Pierre de Navarre, maréchal de Navarre, marquis de Cortez, fait prisonnier par les Castillans, et mis à mort à Simancas, en 1523. Il avait épousé *Major de la Cueva*, fille de Bertrand, duc d'Albuquerque, et de Mencie de Mendoza.

1° Pierre, qui suit ;

2° François, archevêque de Valence, mort le 15 avril 1563 ;

3° Didace.

5. Pierre de Navarre, maréchal de Navarre, marquis de Cortez, président du Conseil royal de Castille, abandonna le parti d'Henri d'Albret, roi de Navarre, pour celui de Charles-Quint. Il mourut à Tolède, en 1556, laissant une seule fille :

6 Jéronime, marquise de Cortez, alliée : 1° en 1554, à *Jean de Benavides,* gentilhomme castillan ; 2° puis, en 1565, à *Martin de Cordoue de Velasco,* comte d'Alcundete, vice-roi et maréchal de Navarre.

COMTES DE LÉRIN

Armes : *Ecartelé, aux* 1 *et* 4 *de Navarre, de gueules au rais d'escarboucle pommeté d'or, aux* 2 *et* 3 *lozangé d'or et d'azur.*

1. Louis de Navarre, comte de Beaumont-le-Roger, troisième fils de Philippe III, roi de Navarre, et de Jeanne de France, eut deux enfants naturels :

1° Charles, qui suit ;

2° Jeanne, mariée à *Pierre de Laxaque,* seigneur navarrais.

2. Charles de Beaumont, dit Charlot, créé porte-étendard royal de Navarre, en 1387, mort en 1432, allié à *Anne de Curton,* dont :

1° Charles, mort jeune ;

2° Louis, qui suit ;

3° Jean de Beaumont, chevalier de Rhodes, grand prieur de Navarre, chancelier du royaume, régent de Navarre pour le prince de Viane, fait prisonnier en 1455, à la bataille d'Ayvor, où il commandait l'avant-garde de l'armée. Il laissa un fils naturel, Martin de Beaumont, dont la postérité subsistait en Navarre lorsque le P. Anselme écrivait ses *Grands-Officiers* ;

4° Catherine de Beaumont, femme de *Jean Ixar*, seigneur aragonais.

Fils naturel.

5° Guillaume, auteur des seigneurs de Montaigu en Navarre.

3. Louis de Beaumont, comte de Lérin, connétable de Navarre, mort à Madrid en 1462 ; de sa femme, Jeanne, fille naturelle de Charles III, roi de Navarre, il laissa :

1° Louis, qui suit ;

2° Charles de Beaumont, commandeur de Calatrava ;

3° Henri de Beaumont, archidiacre de Pampelune ;

4° Thibaut de Beaumont ;

5° Philippe de Beaumont, sans suite ;

6° Jean de Beaumont, père de François de Beaumont, capitaine des gardes de Charles-Quint ;

7° Jeanne de Beaumont, femme de *Jean, sire de Luxe* ;

8° Anne de Beaumont, gouvernante de Charles-Quint, femme de *Louis de Peralta*, seigneur de Valières ;

9° Madeleine de Beaumont, femme de *Ferdinand d'Alva*.

4. Louis de Beaumont, comte de Lérin, marquis de Huesca, connétable de Navarre, mort en 1508 ; allié en 1468 à *Eléonore d'Aragon*, fille naturelle de Jean II, roi d'Aragon, qui lui donna :

1° Louis, qui suit ;

2° Ferdinand de Beaumont, banni de Navarre avec son frère pour avoir conspiré contre Jean d'Albret, roi de Navarre ;

3° Pierre et Jean de Beaumont ;

4° Catherine de Beaumont ;

5° Anne de Beaumont, femme de *Jean de Mendoza*.

5. Louis de Beaumont, comte de Lérin, connétable de Navarre, mort le 15 janvier 1565 ; de sa femme, *Aldonce de Cardonne*, fille de Ferdinand Folch, duc de Cardonne, et de Françoise Manrique de Lara, il n'eut que trois filles :

1° Briande de Beaumont, comtesse de Lérin, mariée en 1565, à *Diégo Alvarez de Tolède*, deuxième fils de Ferdinand Alvarez de Tolède, duc d'Albe ;

2° Françoise de Beaumont ;

3° Marie de Beaumont.

§ 3.

Charles III, roi de Navarre, eut trois enfants naturels :

1° Lancelot de Navarre, patriarche d'Alexandrie, évêque de Pampelune, en 1406, mort le 8 janvier 1420, à Olite, et inhumé dans la sépulture des rois de Navarre ;

2° Godefroy de Navarre ;

3° Jeanne de Navarre, alliée d'abord à *Diégo d'Ortis d'Estunigo*, puis à *Louis de Beaumont*, connétable de Navarre.

CHAPITRE VII

DUCS ET COMTES D'ALENÇON

(Issus de Charles de Valois, comte d'Alençon, frère puîné de Philippe VI, dit de Valois, roi de France.)

Voici les armes que portèrent les différents bâtards de cette branche, que nous allons citer par ordre chronologique.

Armes : *De France, à la bordure de gueules, chargée de huit besants d'argent, l'écu de France brisé d'une barre d'argent.*

§ I.

Enfant naturel de Pierre II, comte d'Alençon.

Pierre, bâtard d'Alençon, né de Jeanne de Maugastel, dame de Blandé, fut fait par son père vicomte du Perche. Dans un titre du 4 août 1418, rapporté dans les preuves de M. de Courtarvel-Pézé, pour les pages du Roi, il est qualifié capitaine des château et ville de Fresnay-au-Perche, capitaine d'un certain nombre de gendarmes pour le service du Roi. Il se signala dans un combat naval contre les Anglais, en 1419, et obtint en janvier 1422, du duc Jean II d'Alençon son neveu, les terres et seigneuries d'Aunou, de Faucon et du Goulet, situées dans le duché d'Alençon. — On ne voit pas qu'il se soit marié.

A une quittance de ses gages de service militaire, comme chevalier banneret, le 8 juillet 1421, est suspendu son sceau qui porte un écusson à une fasce chargée de trois fleurs de lys, à la bordure chargée de huit besants. La légende entourant ce sceau est : *Sigillum Petri batardi Alenconii.* Celui-ci, du moins, ne reniait pas son origine. (Titre scell. de Clairambault, vol. 4, p. 91. Bibl. nat.)

§ 2.

Enfants naturels de Jean Ier, duc d'Alençon.

1. Pierre, bâtard d'Alençon, seigneur de Gallardon. Il fut laissé pour mort à la bataille de Verneuil, en 1424 ; il vivait encore en 1428, et comparait alors dans le contrat de vente faite par Jean II, duc d'Alençon, au duc de Bretagne, de la baronnie de Fougères, le 31 décembre 1428 ; on croit qu'il ne se maria pas.

2. Marguerite, bâtarde d'Alençon, femme de

Jean de Saint-Aubin, conseiller et chambellan du Roi.

§ 3.

Enfants naturels de Jean II, duc d'Alençon.

1. Jean, bâtard d'Alençon, à qui le roi Louis XI fit don de 100 livres en 1471. Il était prisonnier, en 1483, avec quelques autres seigneurs qui furent déclarés innocents.

2. Robert, bâtard d'Alençon, qui fut présenté par René, duc d'Alençon, son frère, à l'évêque d'Angers, pour administrer l'Hôtel-Dieu de Saint-Julien-lès-le-pont de Châteaugontier, en 1489; il était donc prêtre.

3. Jeanne, bâtarde d'Alençon, alliée, le 14 novembre 1470, à *Guy de Maumont,* chevalier, seigneur de Saint-Quentin en la Marche, conseiller et chambellan du Roi. En considération de son mariage, le roi lui donna le comté de Beaumont-le-Roger, le 17 novembre 1469, avec clause de rachat. Elle vivait encore le 4 décembre 1481.

4. Madeleine, bâtarde d'Alençon, mariée à *Henri du Breuil,* le 16 janvier 1487. René, duc d'Alençon, son frère, lui donna soixante acres de terre à Goulles et le four à ban du même lieu.

§ 4.

Enfants naturels de René, duc d'Alençon.

1. Charles, bâtard d'Alençon, seigneur de Cany et de Caniel, au pays de Caux, et de Saint-Paul-le-Vicomte, dont le duc d'Alençon, son frère, lui confirma la propriété, le 14 octobre 1517, en y ajoutant 500 livres de rentes sur les revenus de la baronnie de Sannois. Il mourut en 1545. Il avait épousé *Germaine Ballue,* fille de Nicolas Ballue, seigneur de Villepreux, maître des Comptes, et de Philippe Bureau, nièce du cardinal Ballue. Elle se remaria à Claude Brisson, seigneur du Plessis-aux-Tournelles. De son union avec Charles d'Alençon, naquit :

> Marguerite d'Alençon, dame de Cany et Caniel, mariée, le 13 décembre 1550, à *Lancelot du Monceau,* seigneur de Tignonville, premier maître d'hôtel de la reine de Navarre. Elle mourut en couches le 25 septembre 1551.

2. Marguerite, bâtarde d'Alençon, mariée : 1° le 15 juillet 1485, à *Jacques de Boisguyon,* écuyer, seigneur de la Roussaye, échanson du duc d'Alençon, fils de Philippe de Boisguyon, écuyer, et de Marie de la Gorgne, dame de Mondoucet ; 2° à *Henri Bournel,* appartenant à la

très ancienne famille de Bournel, de Ponthieu, éteinte le 12 janvier 1762.

3. Jacquette, bâtarde d'Alençon, alliée à *Gilles des Ormes*, seigneur de Saint-Germain et de Sodainville, conseiller et premier maître d'hôtel du roi Louis XII. Elle fut inhumée dans l'église de Saint-Germain-le-Désiré en Beauce, près Etampes.

CHAPITRE VIII

ROIS DE NAPLES ET DE SICILE DE LA DEUXIÈME BRANCHE D'ANJOU

(*Issus de Louis de France, deuxième fils du roi Jean, et de Bonne de Luxembourg, sa première femme.*

Armes : *Semé de France, à la bordure de gueules, à la barre d'argent brochante.*

§ I.

Enfants naturels de René d'Anjou, roi de Naples et de Sicile.

1. Jean, bâtard d'Anjou, marquis de Pont-à-Mousson, seigneur de Saint-Cannat, Saint-Remy en Lorraine et l'Avant-garde en Lorraine, assista à la bataille d'Agnadel, en 1509, aida Antoine de Lorraine dans la guerre qu'il eut contre les Luthériens, en 1525 ; il mourut au commencement de juin 1536. Il avait épousé *Marguerite de Glandeves-Faucon*, fille de Raymond de

Glandeves et de Baptistine de Forbin. De cette union naquirent :

A. Catherine d'Anjou, dame de Saint-Cannat et de Saint-Remy, marié à *François de Forbin,* seigneur de Soliers :

B. Françoise d'Anjou, nommée dans le testament de son père ;

C. Blanche d'Anjou, religieuse de Sainte-Claire, à Pont-à-Mousson.

2. Blanche, bâtarde d'Anjou, mariée, le 28 novembre 1467, à *Jean de Beauvau,* fils de Jean de Beauvau, seigneur de Précigny. Elle mourut le 16 avril 1470 et fut inhumée dans l'église des Carmes de la ville d'Aix en Provence.

3. Madeleine, bâtarde d'Anjou, mariée, le 11 septembre 1496, à *Louis-Jean, seigneur de Bellenave,* en Bourbonnais, en présence du Roi Charles VIII, et d'Anne de Bretagne. Le Roi leur donna 15,000 livres, dont 5,000 comptant, et pour les 10,000 autres, leur engagea la seigneurie de Montferrand.

§ 2.

Fils naturel de Jean d'Anjou, duc de Calabre.

Jean, bâtard de Calabre, était, en 1460, sous la garde de Guyonne de Villiers, fille de Perrette de Villiers, dame d'Hérouval, suivant un compte de Jean Bouchetel, qui le nomme le petit bâtard de Calabre. Le roi René lui donna le comté de Briay, avec les terres de Sancy et de Pierrepont, le 4 octobre 1478. Il mourut le 4 mars 1504, et fut inhumé dans l'église Saint-Georges.

§ 3.

Fille naturelle de Nicolas d'Anjou, duc de Calabre, de Lorraine et de Bar.

Marguerite, bâtarde d'Anjou ; elle épousa *Jean de Chabannes,* comte de Dammartin.

§ 4.

Enfants naturels de Charles d'Anjou, comte du Maine.

1. Louis d'Anjou, bâtard du Maine, auteur des marquis de Mézières, qui vont suivre ;

2. Jean, bâtard du Maine, seigneur de Charroux, allié, le 23 avril 1493, à *Françoise de Blanchefort,* fille de François de Blanchefort, seigneur de Saint-Seuvrain, et d'André de Noroy.

3. Marie, bâtarde du Maine, mariée à N.... *seigneur d'Auricher.* Charles, comte du Maine, son frère, lui donna, le 17 février 1470, 200 livres de rente à prendre sur la baronnie de Civré.

BRANCHE BATARDE DES MARQUIS DE MÉZIÈRES

Armes : *Semé de France, au lion d'argent mis en franc-canton, à la barre d'argent mise sur le tout, et à la bordure de gueules.*

1. Louis d'Anjou, bâtard du Maine, chevalier, seigneur et baron de Mezières-en-Brenne, de Sainte-Néomaye, de Prée, de Séneché et de Vilaines-la-Juhée, sénéchal et gouverneur du Maine, conseiller et chambellan du roi en 1482; fils naturel de Charles d'Anjou, comte du Maine, reçut de son père la seigneurie de Mézières en Touraine, le 10 mars 1465; fut légitimé à Amboise, en mai 1468, fut l'un des exécuteurs testamentaires de Charles IV, roi de Sicile, son frère, qui lui vendit, le 4 septembre 1475, les terres et seigneuries de Montmiral, Authon, et la Bazoche-Gouët; il acquit, en 1476, de Hardouin de Maillé, la seigneurie de Ferrières-en-Touraine; il avait 1,500 livres de pension du Roi. Il fit son testament en 1488, et mourut peu après. — Il avait épousé, le 26 novembre 1464, *Anne de La Trémoïlle*, fille de Louis Ier de La Trémoïlle, et de Marguerite d'Amboise. D'eux naquirent :

1° Louis d'Anjou, né à Mézières, le 23 octobre 1482, mort jeune ;

2° René d'Anjou, qui suit;

3° Anne d'Anjou, née à Mézières, le 9 mars 1478;

4° Renée d'Anjou, née à Mézières, le 16 juin 1480, mariée le 25 janvier 1493, à *François de Ponville,* vicomte de Rochechouart.

2. René d'Anjou, baron de Mézières, seigneur de Saint-Fargeau, Tucé, Sénecbé et Saint-Civran, chambellan du Roi, sénéchal du Maine, né à Mézières le 5 octobre 1483; il servit en 1510 dans l'armée navale qui fut chargée d'attaquer Métélin, et en 1509 à la prise de Gênes. Il resta longtemps chez les Suisses comme otage des sommes d'argent que Louis de La Trémoïlle, son oncle, leur avait promises pour les retenir au service de Louis XII. Il accompagna François Ier en Provence, mais il tomba malade en route et mourut à Avignon, en 1521. De son mariage avec *Antoinette de Chabannes,* dame de Saint-Fargeau et de Puisaye, fille de Jean de Chabannes, comte de Dammartin, et de Suzanne de Bourbon-Roussillon, sont nés :

1° Louis d'Anjou, abbé de Pontlevoy et de Nesle-la-Reposte ;

2° Nicolas, qui suit;

3° Françoise d'Anjou, morte sans alliance;

4° Françoise d'Anjou, comtesse de Dammartin, alliée : 1° le 6 octobre 1516, à *Philippe de Boulainvilliers,* comte de Fauquemberghes, baron de Champignelles, fils de Charles de Boulainvilliers, seigneur dudit lieu, Beaumont-sur-Oise, etc., vicomte d'Aumale, panetier du duc de Bourbon, et de Catherine Havart, vicomtesse de Dreux ; 2° le 9 novemdre 1538, à *Jean de Rambures,* comte de Guines, échanson du Roi, grand louvetier de France, fils d'André de Rambures, conseiller et chambellan du Roi, sénéchal de Ponthieu, grand maître des eaux et forêts de Picardie et Ponthieu, et de Jeanne de Hallwin ;

5° Renée d'Anjou, dite Aimée, mariée : 1° à *Hector de Bourbon*, vicomte de Lavedan ; 2° puis à *Olivier Baraton,* seigneur des Roches, Montgauger, etc. ;

6° Antoinette d'Anjou, mariée en 1529 à *Jean de Bourbon*, vicomte de Lavedan ;

Fille naturelle.

7° Marie d'Anjou, femme de *Philippe de Boulainvilliers,* comte de Courtenay, *son neveu.*

3. Nicolas d'Anjou, marquis de Mézières, comte de Ssint-Fargeau, seigneur de Mareuil, Villebois, Thin, Tucé, Séneché et Saint-Maurice-

sur-Laveron. Il naquit à Saint-Fargeau le 29 septembre 1518, fut fait chevalier de l'ordre du Roi à Poissy, le 18 septembre 1560, était capitaine de cinquante hommes d'armes et gouverneur du duché d'Angoulême. François Ier avait érigé pour lui Saint-Fargeau en comté, et Charles IX érigea Mézières en marquisat en 1569. Il épousa, le 19 septembre 1541, *Gabrielle de Mareuil,* fille de Guy, seigneur de Mareuil et de Villebois, et de Gabrielle de Clermont. D'eux naquirent :

1° Nicolas d'Anjou, né le 9 février 1545, mort jeune ;

2° Henriette d'Anjou, née à Saint-Fargeau en 1543, morte jeune ;

3° Antoinette d'Anjou, née à Mézières, le 16 août 1544 ;

4° Renée d'Anjou, marquise de Mézières, comtesse de Saint-Fargeau, née à Mézières le 24 octobre 1550, mariée en 1566 à *François de Bourbon,* duc de Montpensier ;

5° Jeanne d'Anjou, née le 12 décembre 1553, à Pranzac, morte jeune.

CHAPITRE IX

DUCS DE BOURGOGNE

(*Issus de Philippe le Hardi, quatrième fils du roi Jean et de Bonne de Luxembourg, sa première femme.*)

§ 1.

Enfants naturels de Jean sans Peur.

1. Jean, bâtard de Bourgogne, auteur des seigneurs d'Amerval, qui suivent.

2. Guy, bâtard de Bourgogne, seigneur de Crubecque, père de :

Philippe de Bourgogne, seigneur de Crubecque, mort sans enfants, de sa femme *Anne de Baenst,* fille de Jean de Baenst, seigneur de Saint-Georges, et de Marguerite de Séneres.

3. Philippe, bâtarde de Bourgogne, femme d'*Antoine de Rochebaron,* seigneur de Berzé-le-Châtel, en Mâconnais.

Seigneurs d'Amerval.

Armes : *Ecartelé, aux 1 et 4 de Bourgogne moderne, d'azur semé de fleurs de lys d'or, à la bordure componée d'argent et de gueules; aux 2 et 3 de Bourgogne ancien, bandé d'or et d'azur de six pièces, à la bordure de gueules; sur le tout, de Flandres, d'or au lion de sable armé et lampassé de gueules, à une plaine d'or au bas de l'écu.*

1. Jean, bâtard de Bourgogne, fils naturel du duc Jean sans Peur et d'Agnès de Croy, fille de Jean de Croy, seigneur de Renty, et de Marguerite de Craon, fut prévôt de Bruges, puis évêque de Cambrai en 1440. Il mourut en 1479 laissant un grand nombre d'enfants bâtards de ses nombreuses maîtresses :

1° Arnould, bâtard de Bourgogne, seigneur de Heist et Rostuyne, né de Jeanne Pontin, mourut en 1487, laissant de *Servaise de Wales,* sa femme légitime :

A. Cornille de Bourgogne, seigneur de Rostuyne, mort sans alliance, laissant trois fils naturels : Henri, Guillaume et Corneille ;

B. Guillaume de Bourgogne, échevin du Grans de Bruges, marié à *Jossine*

Van der Ryne, dont Guillaume, mort jeune ; Catherine, femme de *Josse Van Schore*, seigneur de Marchoye, puis d'*Arnoult Van der Baërse ;* Gillette, femme de *François Van Quentin*, seigneur de Sancourt.

2° Jean, bâtard de Bourgogne, qui suivra ;

3° Philippe, bâtard de Bourgogne, né de *Claire Van Hoëde ;*

4° Jean, bâtard de Bourgogne, né de *Lucie Braus*, vivant en 1477 ;

5° Arnould, bâtard de Bourgogne, né de *Catherine Avens*, vivant en 1473 ;

6° Elisabeth de Bourgogne, femme d'*Antoine Thoeis ;*

7° Marguerite de Bourgogne ;

8° Goëde de Bourgogne, née de *Goëde Van Deoërsohen*, mariée à *Michel de Low.*

2. Jean de Bourgogne, seigneur de Herlaer, Amerval et Montricourt, né de Jeanne Absalon. — Epousa *Jeanne de Hornes de Gaësbeck*, fille naturelle de Philippe de Hornes, seigneur de Gaësbeck, et de Françoise de Hondeschote. Leurs enfants furent :

1° Philippe de Bourgogne, mort sans alliance ;

2° Geoffroy, qui suit ;

3° Charles de Bourgogne, grand-fauconnier et grand-prévôt général de Brabant, mayeur de Wilworde, épousa *Catherine d'Aelst,* et en eut :

A. Théodoric de Bourgogne, grand-gruyer et prévôt général du Brabant. Sa femme, *Jacqueline de Royen,* lui donna :

A. Charles et Philippe, tués à la guerre ;

B. Frédéric, mayeur de Wilworde ;

C. Henri de Bourgogne, allié à *Barbe Bousserin,* et père de Philippe de Bourgogne, allié à *Isabeau de Candelle,* dame de Herbaumes, dont la postérité subsistait au siècle dernier dans la châtellenie de Lille.

B. Madeleine, femme d'*Arnoul Vanrich ;*

C. Barbe de Bourgogne ;

D. Marguerite de Bourgogne, femme de *Jacques de Dongelberghe,* mayeur du Brabant ;

E. Elisabeth de Bourgogne, femme de *Jacques Hupsel.*

4° Marguerite de Bourgogne, femme de *Jacques de Sausse,* seigneur de Ghiete.

3. Geoffroy de Bourgogne, seigneur d'Amerval et de Montricourt, allié à *Jeanne de Poix*, fille de Pierre de Poix, seigneur de Séchelles, et d'Antoinette de Belloy; eut d'elle :

1° Charles de Bourgogne, abbé de Cantimpré en Artois;

2° Philippe, qui suit;

3° Catherine de Bourgogne, femme de : 1° *Pierre de Héraugier;* 2° *Claude de Châtillon*, seigneur de Berry; 3° *N... de Fontaine;*

4° Antoinette de Bourgogne, chanoinesse de Denain;

5° Marie de Bourgogne, femme de *Jérôme de Hennin*, seigneur de Cornet.

4. Philippe de Bourgogne, dit aussi *Josse*, seigneur d'Amerval, Berghem et Saint-Laurent; allié à *Marguerite d'Enghien*, fille d'Hercule d'Enghien, seigneur de Kestergaël, dont :

1° Philippe de Bourgogne, mort jeune;

2° Jeanne de Bourgogne, morte jeune;

3° Maximilienne de Bourgogne, dame d'Amerval, femme de *Philippe de Rodoan*, seigneur de Berleghem.

§ 2.

Enfants naturels de Philippe le Bon, duc de Bourgogne.

1° Cornille, appelé le Grand-Bâtard de Bourgogne, seigneur de Beures, gouverneur du duché de Luxembourg, tué à la bataille de Rupelmonde, en 1452. De sa maîtresse, Marguerite Cerbaude, il avait eu deux enfants naturels :

A. Jérôme de Bourgogne, dont la destinée est inconnue ;

B. Jean de Bourgogne, seigneur d'Elverdingue et d'Ulomerdingue, conseiller et chambellan de Charles le Téméraire, qui le légitima et le créa bailli de Flandres. Il fut tué dans un combat contre les Français, en 1479. Il avait épousé *Marie d'Hallwin*, fille de Wautier d'Hallwin, seigneur de La Barre, et de Marie Wissocq. Il n'en eut que deux filles :

1° Elisabeth, dame d'Elverdingue, femme de *Louis de Flandres*, seigneur de Praët;

2° Marguerite, mariée 1° à *Arnould de Trazignies*, seigneur d'Ermude ; 2° à *Charles de Gruthères*, seigneur d'Exaerde, en 1494.

2° Philippe de Bourgogne, mort jeune ;

3° Antoine de Bourgogne, auteur des seigneurs de Beures, qui suivront ci-après ;

4° David de Bourgogne, évêque de Thérouanne en 1451, puis évêque d'Utrecht en 1455 ; mort le 16 avril 1496, à Dorstadt, et inhumé dans l'église de Saint-Jean-Baptiste de Wick, près Dorstadt ;

5° Philippe de Bourgogne, seigneur de Sommerdick et de Blaton, gouverneur de Gravelines et de Courtrai, amiral de Flandres, chevalier de la Toison d'or; évêque d'Utrecht en 1516. Il était né de Marguerite Postic. Il mourut à Dorstadt, le 7 avril 1524, et fut inhumé auprès de son frère.

6° Raphaël de Bourgogne, surnommé de Mercatel, du nom de sa mère, abbé de Saint-Pierre d'Aldembourg et de Saint-Bavon de Gand, évêque de Rosen ; mort à Bruges le 8 août 1508 ;

7° Jean de Bourgogne, prévôt d'Aire ;

8° Baudoin de Bourgogne, auteur des seigneurs de Falais et de Bredam, qui suivent ci-après ;

9° Marie, bâtarde de Bourgogne, née de Jeanne de Presle, fille de Louis de Presle, seigneur de Lizy, épousa, le 30 septembre 1448, à Bruxelles, *Pierre de Bauffremont,* comte de Charny, chambellan du duc de Bourgogne ;

10° Anne de Bourgogne, alliée : 1° à *Adrien de Horselle*, seigneur de Brigdam ; 2° à *Adolphe de Clèves*, seigneur de Ravenstein ; elle mourut le 17 janvier 1504, et fut inhumée dans l'église de Saint-Dominique de Bruxelles ;

11° Yolande de Bourgogne, femme de *Jean d'Ailly*, baron de Picquigny, vidame d'Amiens ;

12° Cornille de Bourgogne, femme d'*Adrien de Toulongeon*, seigneur de Mornay et de Saint-Aubin ;

13° Marie de Bourgogne, religieuse ;

14° Catherine de Bourgogne, alliée le 28 juin 1460 à *Humbert de Luyrieux*, seigneur de La Queille ;

15° Madeleine de Bourgogne, femme de *Bompar, seigneur de l'Auge et Cournon*, baron d'Alès, conseiller et chambellan du duc de Bourbon ;

16° Marguerite de Bourgogne.

BRANCHE DES SEIGNEURS DE BEURES

1. Antoine, dit le Grand Bâtard de Bourgogne, comte de Sainte-Menehould, Grandpré, Guines, Château-Thierry, La Roche-en-Ardenne, seigneur de Beures en Flandre, Crèvecœur et Vassy, chevalier de Saint-Michel et de la Toison d'or, fils naturel de Philippe le Bon, et de

Jeanne de Trelle. — Il naquit en 1421, et fut légitimé par lettres données à Melun, au mois de janvier 1485 ; il mourut en 1504, âgé de 83 ans, et fut inhumé à Tournehem en Artois. Il porta pour armoiries, ainsi que ses descendants : *Écartelé, aux 1 et 4 semé de France, à la bordure componée d'argent et de gueules, qui est Bourgogne moderne ; aux 2 et 3 parti, au 1er d'or, à trois bandes d'azur, à la bordure de gueules, qui est Bourgogne ancien ; au 2e de sable, au lion d'or, qui est Brabant, et sur le tout, d'or, au lion de sable, qui est de Flandre, au filet d'argent mis en barre brochant sur le tout.*

De sa femme, *Marie de la Viéville*, fille unique de Pierre de la Viéville, seigneur de Tournehem, et d'Isabeau de Preure, il avait eu :

1° Philippe de Bourgogne, qui suit ;

2° Jeanne de Bourgogne, femme de *Gaspard de Culembourg*, seigneur d'Hoochstratt et Borselle ;

3° Marie de Bourgogne, morte jeune ;

4° N... de Bourgogne, femme de *Rodolphe, comte de Fauquemberghes.*

Fils naturel.

5° Antoine de Bourgogne, seigneur de Waken, auteur de la branche des seigneurs de Waken, qui suivra.

2. Philippe de Bourgogne, seigneur de Beures, La Vère, Vlissinghe, etc..., conseiller et chambellan de Maximilien, roi des Romains, et de l'archiduc Philippe d'Autriche, amiral de Flandres et gouverneur d'Artois, chevalier de la Toison d'or. Il portait pour armes, *les mêmes que son père, mais en les écartelant de celles de la Viéville, à savoir : fascé d'or et d'azur de huit pièces, à trois annelets de gueules en chef, posés sur les deux premières fasces.* Il épousa *Anne de Borselle,* fille de Wolfart de Borselle, comte de Grandpré et de Buchan, maréchal de France, et de Charlotte de Bourbon-Montpensier ; d'elle il eut :

1° Adolphe de Bourgogne, qui suit ;

2° Madelaine de Bourgogne, femme de *Josse de Cruninghem* ;

3° Anne de Bourgogne, femme de *Jean de Berghes,* seigneur de Walheim ;

4° Marguerite de Bourgogne, femme de *Jacques de Coupigny,* seigneur de la Flotte et de Hénin-Liétard, grand bailli de Lens, et maître d'hôtel du duc de Bourgogne.

3. Adolphe de Bourgogne, seigneur de Beures, La Vère et Flessingue, amiral de Flandres, chevalier de la Toison d'or, mort le 7 décembre 1540, et inhumé à Sanderburg en Zélande. Il avait épousé, en 1516, *Anne de Berghes,* fille de Jean

de Berghes sur l'Escaut, et d'Adrienne de Brimeu. Il portait pour armes, ainsi que ses descendants ; *Ecartelé, aux 1 et 4 de tous les quartiers de Bourgogne, aux 2 et 3 de Bourbon-Montpensier, et sur le tout de sable, à la fasce d'argent, qui est Borselle.* — Ses enfants furent :

1° Philippe de Bourgogne, mort jeune ;

2° Maximilien, qui suit ;

3° Jacqueline de Bourgogne, dame de Crèvecœur, alliée : 1° à *Jean de Flandre,* seigneur de Praët ; 2° à *Jean de Cruninghem,* vicomte de Zélande ;

4° Anne de Bourgogne, alliée : 1° à *Jacques comte de Horn,* chevalier de la Toison d'or ; 2° à *Jean de Hennin,* comte de Bossut, chevalier de la Toison d'or ;

5° N... de Bourgogne, femme du *seigneur de la Woëstine ;*

6° Antoinette de Bourgogne, femme de *Charles de Croy,* duc d'Arschot, puis de *Jacques d'Anneux,* seigneur d'Aubencourt.

Fils naturel.

7° Philippe de Bourgogne, bâtard, seigneur de Fontaines, allié à *Jeanne, dame de Hesdin,* dont :

A. Adolphe et Nicolas de Bourgogne, morts jeunes ;

B. Maximilien de Bourgogne, seigneur de Fontaines ;

C. Jean de Bourgogne, seigneur de Fontaines, marié à *Antoinette Validolit,* dont des enfants ;

D. Martin de Bourgogne, seigneur de Tauberge, tué à la bataille d'Alcacer en Afrique ;

E. Anne de Bourgogne-Fontaines, femme de *Jacques Smith,* seigneur de Buërland ;

F. Louise de Bourgogne-Fontaines.

4. Maximilien de Bourgogne, seigneur de Beures, Tournehem, La Fisse, marquis de la Vère, amiral de Flandres, gouverneur de Hollande et Zélande, chevalier de la Toison d'or; allié, le 1er mai 1542, à *Louise de Croy,* fille de Philippe de Croy, duc d'Arschot, et d'Anne de Croy, princesse de Chimay. — Il mourut sans postérité.

SEIGNEURS DE WACQUEN

Armes : *Tous les quartiers de Bourgogne, au chef rompu, c'est-à-dire, à un demi-chef d'or.*

2. Antoine de Bourgogne, seigneur de la Chapelle et de Wacquen, fils naturel d'Antoine de Bourgogne, seigneur de Beures, épousa *Marie*

de Bruan, fille d'André de Bruan, seigneur de Wacquen, dont :

1° Adolphe de Bourgogne, seigneur de Wacquen, amiral de Zélande, vice-amiral de Flandres, grand bailli de Gand ; allié, le 3 novembre 1545, à *Jacqueline de Bonnière*, fille de Philippe de Bonnière-Souastre, et de Jacqueline de Thiant. Il mourut sans postérité à Middelbourg, le 22 mai 1568 ;

2° Antoine, qui suit ;

3° André de Bourgogne, mort sans alliance à Berghes-sur-l'Escaut ;

4° Anne de Bourgogne, femme de *Nicolas de Triest*, seigneur d'Auveghem.

3. Antoine de Bourgogne, seigneur de Wacquen, vice-amiral de Flandres, gouverneur de Zélande et de Middelbourg, tué en Zélande ; épousa *Anne de la Marck*, dame de Lumain, fille de Louis de la Marck, seigneur de Wenelghen, et de Jeanne, bâtarde de Culembourg, dont :

1° Antoine, qui suit ;

2° Isabelle de Bourgogne, femme de *Charles de Cotrel*, seigneur du Bois-de-Lessines et de Tronchienes ;

3° Anne de Bourgogne, morte à douze ans et inhumée à Assenede ;

4° Marie de Bourgogne, femme de *Geof-*

froy d'Este, seigneur de Rhéon, gouverneur de Damvilliers.

4. Antoine de Bourgogne, seigneur de Wacquen, vice-amiral en Espagne, où il mourut ; allié à *Anne de Bonnières,* fille de Jean de Bonnières de Souastre, seigneur de la Vicht, et de Jeanne de Baenst, dont :

1° Antoine de Bourgogne, mort jeune ;

2° Charles, qui suit ;

3° Frédéric de Bourgogne, allié à *N... de Bessace,* dont un fils, et Anne, femme de *N..., baron de Marck,* mort en 1626 ;

4° Emmanuel de Bourgogne, capitaine de cavalerie, allié à *N... Rodriguez,* dont Antoine, jésuite ;

5° Jean-François de Bourgogne, mort à la guerre ;

6° Antoine de Bourgogne ;

7° Anne de Bourgogne, femme de *Jehan de Menèses,* capitaine d'infanterie espagnole ;

8° Eléonore, Marie, Antoinette, Madeleine et Marie-Chrétienne de Bourgogne, mortes jeunes et sans alliance.

5. Charles de Bourgogne, comte de Wacquen, grand bailli de Gand, chevalier de l'ordre de Saint Jacques, colonel d'un régiment wallon, mort au service du roi d'Espagne, le 28 septembre 1632, et inhumé à Wacquen. De sa pre-

mière femme, *Marie de Pardo,* fille de François de Pardo, seigneur de Famicourt, et de Jossine della Torre, il n'eut que N..., mort jeune; de sa deuxième femme, *Marie-Anne de Brouckorst,* il eut le suivant :

6. Guillaume-Charles-Louis de Bourgogne, comte de Wacquen ; de sa femme, *Marie-Anne-Scholastique van der Tymple,* comtesse d'Autreppe, naquit le seul :

7. Guillaume-Charles-François de Bourgogne, comte de Wacquen ; il obtint du roi d'Espagne de porter *les pleines armes de Bourgogne, brisées d'une pointe d'or,* le 16 décembre 1665. Il mourut en 1707, sans enfants de ses deux femmes, *Jeanne-Marie de Rubempré,* fille de Charles de Rubempré, comte de Vertaing, et *Honorée-Marie de Bette,* fille de Guillaume de Bette, marquis de Lède, mariée en 1685.

BRANCHE BATARDE DES SEIGNEURS DE FALAIS

1. Baudouin, bâtard de Bourgogne, seigneur de Falais, Bredam et Sommerdick, fils naturel de Philippe le Bon, duc de Bourgogne, et de Catherine de Tiesferies, fille de Martin de Tiesferies, écuyer, demeurant à Lille, et de Richarde de la Planque. Il naquit à Lille, vers 1445 ; il eut la conduite avec Antoine, seigneur de Beures,

son frère, de l'armée navale que le duc envoyait en Afrique; depuis il s'attacha à Louis XI, qui lui donna, en décembre 1470, la vicomté d'Orbec. Il accompagna ce prince au recouvrement des villes de la Somme, ce qui irrita tellement Charles le Téméraire qu'il l'excepta nommément du traité de Trèves, conclu le 13 septembre 1475. Ils se réconcilièrent depuis, et Baudouin commanda l'avant-garde bourguignonne à la bataille de Granson et fut fait prisonnier à celle de Nancy. Il mourut à Bruxelles et fut inhumé à Falais. Il portait pour armes : *D'or, à l'écusson de Bourgogne en sautoir*. Allié à *Marie Manuel de la Cerda,* fille de Jean Manuel de la Cerda, chevalier de la Toison d'or, et de Jeanne de Figueroa; leurs enfants furent :

1° Philippe de Bourgogne, seigneur de Falais et de Sommerdick, conseiller et chambellan de l'empereur Charles-Quint, mort sans alliance, en 1542 ;

2° Charles, qui suit;

3° Maximilien de Bourgogne, abbé de Middelbourg en Zélande, puis de Saint-Ghislain en Hainaut, mort en 1534, enterré à Middelbourg ;

4° Madeleine de Bourgogne, femme de *Philippe de Lannoy,* seigneur de Molembaix, chevalier de la Toison d'or, morte en 1511, et inhumée à Solre-le-Château.

Enfants naturels de Baudouin, bâtard de Bourgogne, et de Catherine Gaure, morte en 1558, âgée de quatre-vingt-un ans ;

5° François, seigneur de Neuvèvre, roi d'armes de la Toison d'or, allié à *N... de Chalon,* fille naturelle de Philibert de Chalon, prince d'Orange. Il en eut Jean de Falais, père de Jean, qui a laissé postérité ;

6° Baudoin, mort le 2 février 1546 ;

7° Marine, légitimée par Charles-Quint en 1525, femme de *Claude de Vergy,* baron d'Autray ; morte à Champlite le 2 mars 1567, inhumée à Teulley, dans la chapelle de Vergy ;

8° N..., morte de la peste en 1515, en revenant de Danemarck où elle avait accompagné son oncle Philippe.

2. Charles de Bourgogne, seigneur de Falais, Bredam et Fromont, allié à *Marguerite de Werchin,* fille de Nicolas, baron de Werchin, sénéchal de Hainaut, et d'Yolande de Luxembourg, dame de Roubaix. Leurs enfants furent :

1° Jacques de Luxembourg, seigneur de Bredam et de Salles, allié : 1° à *Yolande de Bréderode,* fille de Valeran de Bréderode et d'Anne de Niewnaër dont il eut deux fils morts jeunes ; — 2° à *Elisabeth de Romerswal,* fille d'Adrien de Romerswal, seigneur de Lodick, et de Jeanne de Bergues, dont il eut Jeanne de Bourgogne, morte à Cologne sans alliance;

2° Jean de Bourgogne, seigneur de Fromont et de Han-sur-Sambre, conseiller d'Etat, chef des finances aux Pays-Bas, gouverneur du comté de Namur. Allié à *Louise de Croy*, veuve de Maximilien de Bourgogne, marquis de La Vère, et mort à Romersdick en 1585, laissant une fille, Anne ou Jeanne, qui mourut en bas âge;

3° Pierre de Bourgogne, protonotaire du Saint-Siège apostolique;

4° Charles, qui suit;

5° Antoine, tige des seigneurs de Brédam, qui suivront;

6° Françoise de Bourgogne, abbesse de Sainte-Claire de Lille;

7° Hélène de Bourgogne, alliée en 1542 à *Adrien de l'Isle*, seigneur de Fresnes-Gulezin.

3. Charles de Bourgogne, seigneur de Lommerdick, mort en Hollande en 1582. Allié à *Jeanne de Pallant de Culembourg*, fille de Jean de Pallant, comte de Culembourg, et d'Alix d'Alkemaër. Ses enfants furent :

1° Herman, qui suit;

2° Jean de Bourgogne, baron de Zevenwissen, allié à *Catherine d'Oyembrughe-Duras,* veuve de Pierre de Bourgogne, seigneur de Bredam, dont :

A. Charles, baron de Zevenwissen, sans enfants d'*Emmeline d'Oyembrughe-Duras ;*

B. Herman, religieux de Zegowarde ;

C. Maximilien, religieux, puis abbé de Saint-Waast d'Arras, en 1642, mort le 11 septembre 1660 ;

D. Marie, chanoinesse à Nivelles ;

E. Léonore et Jeanne, mortes sans alliance.

4. Herman de Bourgogne, comte de Falais, seigneur de Sommerdick et de Saint-Amelant, gouverneur du Limbourg. Créé comte de Falais le 8 février 1614 ; mort le 16 juin 1626, inhumé à Falais. Allié à *Yolande de Longueval,* fille de Maximilien de Longueval, comte de Bucquoy, et de Marguerite de L'Isle. Leurs enfants furent :

1° Philippe et Félix, jésuites ;

2° Marguerite de Bourgogne, femme de *Hugues, comte de Noyelles,* gouverneur de Limbourg ;

3° Claire de Bourgogne, morte jeune ;

4° Isabelle de Bourgogne, femme de *Charles-Emmanuel de Gorrevod,* duc de

Pont-de-Vaux, chevalier de la Toison d'or, gouverneur du Limbourg et de Namur ;

5° Hélène de Bourgogne, morte jeune ;

6° Yolande de Bourgogne, chanoinesse à Mons, morte en 1630.

SEIGNEURS DE BREDAM

Armes : *Ecartelé, aux 1 et 4 de Bourgogne moderne, aux 2 et 3 de Bourgogne ancien, sur le tout de Flandres, au filet d'argent mis en barre brochant sur le tout.*

3. Antoine de Bourgogne, seigneur de Bredam, allié à *Michelle de Gavre,* fille de Louis de Gavre, baron d'Inchy, et de Jeanne de Rubempré. D'eux sont nés :

1° Pierre, qui suit ;

2° Charles, seigneur de Bredam, lieutenant de la cour féodale de Brabant, mort à Bruxelles le 15 avril 1639 ;

3° Yolande de Bourgogne, femme d'*Hiérôme d'Oyembrughe,* seigneur de Duras, baron de Thienen.

4. Pierre de Bourgogne, seigneur de Bredam, mort à Saint-Tron, le 6 mars 1589, et inhumé dans l'église collégiale de cette ville. — Allié à *Catherine d'Oyembrughe-Duras,* vicomtesse de Loos, fille de Jean d'Oyembrughe-Duras, sei-

gneur de Herck, et de Jeanne de Mérode, vicomtesse de Loos, dont :

1° Antoine, qui suit ;

2° Louis de Bourgogne, seigneur de Bergile, pair du comté de Namur, gentilhomme de la chambre de l'Electeur de Cologne, sans enfants d'*Anne de Selles,* fille de Louis de Selles, seigneur de Villié-sur-Lez, et de Barbe de Mérode ;

3° Adrien-Conrad de Bourgogne, seigneur de Bredam, chanoine de l'église de Liège et prévôt de Notre-Dame de Maëstricht ;

4° Jeanne de Bourgogne, vicomtesse de Loos, femme de *Charles d'Andelot,* seigneur de Hoves.

5. Antoine de Bourgogne, seigneur de Fromont, capitaine de cavalerie au service de l'Espagne, gouverneur de Saupçon, du pays d'Outre-Meuse et d'Arches, mort sans enfants de sa femme *Dorothée, comtesse de Tserclaës de Tilly,* fille de Jacques de Tserclaës, comte de Tilly, et de Dorothée, comtesse d'Oostfrise, mariée en 1626.

CHAPITRE X

DUCS DE BRABANT

(*Issus d'Antoine de Bourgogne, duc de Brabant, de Lothier, de Luxembourg et de Limbourg, deuxième fils de Philippe* LE HARDI, *duc de Bourgogne.*)

Armes : *Ecartelé, aux* 1 *et* 4 *de Bourgogne moderne, aux* 2 *et* 3 *de sable, au lion d'or, qui est de Brabant, brisé d'un filet en barre, d'argent.*

Enfants naturels de Philippe, duc de Brabant.

1° Antoine, bâtard de Brabant, nommé avec son frère Philippe, parmi les grands qui firent vœu, à Lille, le 17 février 1453, à l'exemple de Philippe le Bon, de se croiser contre les Turcs ;

2° Philippe, bâtard de Brabant, nommé parmi les chevaliers qui accompagnèrent Philippe le Bon au sacre de Louis XI, en 1461 ;

3° Isabeau, bâtarde de Brabant, femme de *Philippe de La Viéville,* conseiller et chambellan de Philippe Ier, roi d'Espagne, gouverneur d'Artois, chevalier de la Toison d'or.

CHAPITRE XI

COMTES DE NEVERS

(*Issus de Philippe de Bourgogne, comte de Nevers, troisième fils de Philippe* LE HARDI, *duc de Bourgogne.*)

§ 1.

Enfants naturels de Charles de Bourgogne, comte de Nevers.

1° Guillaume, né d'Héliotte Miraillet, légitimé avec son frère et sa sœur, par lettres du roi Louis XI, données à Abbeville, en décembre 1463 ;

2° Jean, né de Bonne de Saulieu ;

3° Adrienne, née d'Yolande Le Long, mariée : 1° à *Claude de Rochefort*, chevalier, seigneur de Châtillon-en-Bazois ; 2° à *Jacques de Cluny*, seigneur de Mennesserro

§ 2.

Enfants naturels de Jean de Bourgogne, comte de Nevers.

1° Jean, bâtard de Bourgogne, doyen de l'Église de Nevers;

2° Pierre, bâtard de Nevers, légitimé par lettres données au Plessis-les-Tours, le 24 janvier 1478;

3° Philippe, bâtard de Nevers, seigneur de Rosoy, né de N... de Ghistelles; légitimé en novembre 1473, gouverneur de Réthelois, en 1480; allié en 1480 à *Marie de Roye*, fille de Jean, sire de Roye et de Blanche de Brosse: dont, Françoise de Nevers, femme de *Philippe de Hallwin*, seigneur de Maignelay. Il se fit religieux de Saint-François après la mort de sa femme, et mourut fort âgé au couvent de Bethléem, près Mézières, en 1522, et y fut inhumé;

4° Gérard, bâtard de Nevers, chevalier de Rhodes en 1476.

Armes : *Ecartelé, aux 1 et 4 de Bourgogne moderne, aux 2 et 3 d'or, au lion de sable, qui est de Flandre, au filet d'argent mis en barre, brochant.*

CHAPITRE XII

COMTES D'ANGOULÊME

(*Issus de Jean d'Orléans, comte d'Angoulême, fils puîné de Louis de France, duc d'Orléans, et de Valentine de Milan.*)

§ 1.

Enfants naturels de Jean d'Orléans, comte d'Angoulême.

Armes : *De France, au lambel d'argent, chaque pendant chargé d'un croissant d'azur, au bâton d'argent mis en barre.*

1° Jean, bâtard d'Angoulême, légitimé par Charles VII en juin 1458.

§ 2.

Enfants naturels de Charles d'Orléans, comte d'Angoulême.

1° Jeanne, bâtarde d'Angoulême, comtesse de Bar-sur-Seine, née d'Antoinette de Polignac, dame de Combronde; légitimée par lettres de Louis XII, données à Lyon en août 1501; était mariée alors à *Jean Aubin,* seigneur de Malicorne; puis alliée à *Jean de Longwy,* seigneur de Givry. Le roi lui donna le comté de Bar-sur-Seine le 24 mars 1522, et, le 29 juin 1531, 4,000 livres à prendre sur les biens de feu Guillaume Tueleu, receveur de Clermont;

2° Madeleine, bâtarde d'Angoulême, née aussi d'Antoinette de Polignac; prieure de Pont-l'Abbé, puis abbesse de Saint-Ausony à Angoulême, y mourut le 26 octobre 1563, âgée de soixante-sept ans;

3° Souveraine, bâtarde d'Angoulême, fille de Jeanne Conte; légitimée par lettres données à Dijon, en mai 1521, sur la demande de la reine Louise de Savoie, mère de François Ier, laquelle lui donna 3,000 écus dont 1,000 devaient entrer en communauté et le reste employé en achats d'immeubles. — Epousa, le 10 février 1512, *Michel Gaillard,* chevalier, seigneur de Chailly et de Longjumeau, panetier du Roi. Elle mourut le 23 février 1552 et fut inhumée dans l'église de Chailly, à côté de son mari mort le 4 juillet 1535.

Ces trois enfants portaient pour armes : *De France, au lambel d'argent à trois pendants, chacun chargé d'un croissant de gueules, à la barre d'argent brochante.*

CHAPITRE XIII

MAISON ROYALE DE BOURBON

(*Issue de Robert de France, comte de Clermont en Beauvoisis, chambrier de France, sixième fils de saint Louis et de Marguerite de Provence.*)

DUCS DE BOURBON

Armes : *De France à la bande de gueules.*

§ 1.

Fils naturel de Pierre Ier, duc de Bourbon.

Guy, bâtard de Bourbon, seigneur de Cloys et de La Ferté-Chauderon à cause de *Jeanne Chastel-Péron*, sa femme, rendit foi et hommage de la forteresse de Javerdon à Edouard, seigneur de Beaujeu, en 1336. — MM. de Sainte-Marthe ne parlent pas de lui dans leur *Histoire de la Maison de Bourbon.*

§ 2.

Enfants naturels de Pierre Ier, duc de Bourbon.

1. Jean, bâtard de Bourbon, chevalier, seigneur de Rochefort, des Breulles et de Bellenaux. Il servait avec deux écuyers sur les frontières de Picardie et de Normandie en 1352, fut fait prisonnier à la bataille de Poitiers en 1356; en 1358 il se qualifie chambellan de Jean de France, comte de Poitiers, qui le fit son lieutenant en Languedoc. Il fut chargé par le duc de Bourbon, conjointement avec trois autres chevaliers, du gouvernement du Bourbonnais, et servit sous ses ordres dans l'expédition de Belleperche, avec quatre chevaliers et deux écuyers. Il avait épousé, le dimanche avant la Saint-Michel 1372, *Agnès Chaleu,* fille de Pépin Chaleu, seigneur du Croset en Bourbonnais : en faveur de ce mariage, le duc, son frère, lui donna la maison de Bocis et la seigneurie de Champ-Fromental. Il était mort en 1375, et fut enterré dans le prieuré de Souvigny, ainsi que sa femme.

2. Jeannette, bâtarde de Bourbon, femme de *Guichard de Chastellus,* seigneur de Châteaumorand.

§ 3.

Enfants naturels de Louis II, duc de Bourbon.

1. Hector, bâtard de Bourbon, né d'une demoiselle noble, fut fait chevalier en 1409, en accompagnant le maréchal Boucicault à Gênes : il embrassa le parti du duc d'Orléans, se signala au siège de Dun-le-Roi et à celui de Bourges, en 1412. Etant au siège de Soissons, il y fut blessé d'une flèche, qui lui traversa la gorge, le 10 mai 1413, et il mourut le lendemain. Il avait reçu ce coup en parlementant avec Enguerrand de Bournonville qui défendait la place, et, en représailles, le duc de Bourbon, son frère, fit saccager la ville. — Juvénal des Ursins et Monstrelet parlent de lui comme d'un des capitaines les plus renommés de son temps.

2. Perceval de Bourbon, chevalier. A une quittance de lui, datée du 6 septembre 1415, se trouve son sceau portant les armes ci-contre : *D'argent à la bande semée de France*, c'est-à-dire *d'azur semée de fleurs de lys d'or, brisé de trois filets de gueules mis en barre.*

§ 4.

Enfants naturels de Jean Ier, duc de Bourbon.

Armes communes à eux tous : *De France au bâton d'argent, mis en barre.* — MM. de Sainte-Marthe disent : « *un bâton de gueules* ».

1. Jean, bâtard de Bourbon, abbé régulier de Saint-André-lez-Avignon, en 1439, postulé évêque du Puy le 2 décembre 1443, puis abbé de Cluny en 1454, archevêque de Lyon ; résigna ce poste en faveur de Charles de Bourbon, son neveu ; lieutenant général pour le duc Jean II de tous les fiefs de son domaine, présida en cette qualité, en 1466, l'Assemblée des Etats de cette province. Sur une quittance du 14 mars 1466, on voit son sceau, qui porte *trois fleurs de lys à une barre,* soutenu par un ange placé derrière l'écusson. Il mourut au prieuré de Saint-Rambert en Forez, le 2 décembre 1485, et fut inhumé dans l'abbaye de Cluny.

2. Alexandre, bâtard de Bourbon, d'abord destiné à l'Eglise et chanoine de Beaujeu, mais il jeta le froc aux orties et devint un des chefs redouté des écorcheurs. On donnait ce nom à des bandes d'hommes de guerre auxquels la réconciliation de Charles VII avec le duc Philippe de Bourgogne, créait des loisirs. Ce n'était

pas de vulgaires brigands puisqu'ils avaient pour chefs de grands seigneurs et de vaillants et renommés capitaines, tels le bâtard de Bourbon, La Hire, Blanchefort, Villandrando, Salazard, etc. Ils écorchaient le paysan en le tondant d'un peu près, et en pillant les campagnes. Ils avaient été ainsi baptisés par leurs victimes.

Alexandre de Bourbon avait à son acquit de beaux faits de guerre. En 1439, il fit une rude guerre en Lorraine, qui se termina par un combat malheureux dans lequel Jean de Vergy lui tua, près de Langres, plus de cent vingt hommes. En 1440, il fut de ceux qui trempèrent dans la *Praguerie*. Ce furent lui et Antoine de Chabannes qui enlevèrent le Dauphin du château de Corbeil et le conduisirent à Moulins où l'attendaient les chefs du mouvement. Charles VII, victorieux de la rebellion, lui fit faire son procès, et le bâtard fut jugé à Bar-sur-Aube. Le sac dans lequel on l'avait renfermé avant de le jeter à l'eau, portait cette inscription : « Laissez passer la justice du Roi. »

3. Guy, bâtard de Bourbon, écuyer, était en 1438, à l'armée de Guyenne. Le 6 juin 1439, Raulin Bertran, capitaine de gens d'armes et de trait, fondé de pouvoir de « noble Guy, bâtard de Bourbon, écuyer », donna quittance de 1,000 livres aux capitouls de Toulouse pour un sauf-conduit et pour faire sortir ses gens de la

sénéchaussée de Toulouse. Charles, duc de Bourbon, son frère, le nomma capitaine et châtelain du pays et baronnie de Roannois, le 24 août 1440. Il mourut avant le 18 juin 1442.

4. Marguerite, bâtarde de Bourbon, alliée le 2 août 1436 à *Rodrigue de Villandrado,* comte de Ribadeo, seigneur d'Ussel, conseiller et chambellan du roi Charles VII. Cet espagnol, qui était venu chercher fortune en France, y acquit une grande situation et y contracta une alliance princière. Frappé de disgrâce après la mort de sa femme, il se retira en Espagne d'où il était parti gueux et où il rentra grand seigneur. M. Quicherat a publié un intéressant volume sur ce personnage dont les chroniqueurs du temps citent fréquemment le nom et enregistrent les prouesses.

5. Edmée, bâtarde de Bourbon, morte sans alliance.

6. Jeanne, alliée en 1435, à Escille, en Auvergne, à Louis Combault, chevalier, seigneur de Larbourg.

§ 5.

Enfant naturel de Charles, cardinal de Bourbon, archevêque de Lyon.

Isabelle de Bourbon, née de Gabrielle Bartine; légitimée par lettres de Louis XI, données aux

Montils-les-Tours, en juillet 1491, et mariée à *Gilbert de Chantelot,* seigneur de la Chaise, maître d'hôtel du cardinal de Bourbon, en 1484; elle mourut le 4 septembre 1497.

§ 6.

Enfants de Louis de Bourbon, prince-évêque de Liège.

Armes : *D'azur, semé de fleurs de lys d'or, à une bande de gueules en devise brochante, au chef d'argent à une croix potencée d'or, cantonnée de quatre croisettes de même, qui est de Jérusalem.*

C'est ici que devrait prendre place la filiation de la famille de Bourbon, comtes de Busset, qui est réputée, par nombre d'écrivains, pour être issue illégitimement de Louis de Bourbon, évêque de Liège. Voici comment l'expliquent ceux pour lesquels cette origine ne paraît pas douteuse, notamment MM. de Sainte-Marthe qui, dans leur savante et scrupuleuse *Histoire de la Maison de France,* déduisent la filiation des Bourbons-Busset depuis celui qui, disent-ils, était appelé le Bâtard de Liège, jusqu'au moment où parut leur ouvrage.

Disons d'abord qu'il est à remarquer que MM. de Bourbon-Busset d'alors n'élevèrent aucune observation sur ce livre quasi-officiel, et que leurs descendants ne l'ont pas fait davantage au fur et à mesure que les historiens, se copiant les uns sur les autres, répandaient de plus en plus ce que MM. de Bourbon-Busset affirment être une erreur historique. Rien n'eut été cependant plus facile pour les intéressés que de faire paraître, s'ils existent, les documents probants, et plus intéressant pour les historiens que de les voir publier.

Voici, quoi qu'il en soit, la position de la question : Charles Ier, duc de Bourbon, avait eu six fils : le *cinquième*, Louis, né en 1437, avait été élevé en Flandre, par les soins du duc de Bourgogne, son oncle, qui le fit nommer d'abord prévôt de Saint-Donat de Bruges, puis le fit prince-évêque de Liège, en 1455. Louis de Bourbon n'avait donc alors que dix-huit ans, et il ne devait recevoir l'ordre de la prêtrise qu'en 1466. En 1463, il serait allé aux noces de sa sœur, Catherine de Bourbon, et d'Adolphe d'Egmont, fils d'Arnould d'Egmont, duc de Gueldres. Il y serait devenu amoureux de Catherine d'Egmont, sœur de son beau-frère, et aurait demandé sa main, en renonçant à son évêché qu'il ne tenait encore qu'à titre laïque. Le duc de Gueldres aurait donné son consentement, à condition que le roi Louis XI donnerait également le sien. Le Roi aurait refusé avec obstination, et le duc de

Gueldres se serait laissé fléchir sur l'assurance donnée par Louis de Bourbon que, devant le fait accompli, le Roi s'inclinerait. Mais Louis XI ne tarda pas à prouver que cette bonhomie ne lui ressemblait guère. Lorsque le mariage fut consommé à Gueldres, au commencement de 1464, il le fit déclarer nul et força Louis de Bourbon à recevoir les ordres sacrés à Huy, en décembre 1466, peu après la naissance de son troisième enfant.

Louis de Bourbon, évêque malgré lui, fut assassiné à Werz, près de Liège, le 30 août 1482, par Guillaume de la Marck, à qui son caractère peu sociable avait fait donner le surnom de Sanglier des Ardennes. Catherine, considérée par tous les princes français et par le roi de France lui-même, comme la maîtresse du prince-évêque de Liège, devint duchesse de Gueldres, en 1477, après la mort de son frère Adolphe, et mourut en 1496, à l'âge de cinquante-sept ans.

Tout ceci est un vrai roman, on en conviendra, et voici des amours princières marquées par une étonnante crédulité du duc de Gueldres, par un renoncement bien facile et bien peu catholique de Louis de Bourbon à sa femme à laquelle, pour prendre possession de son évêché, il inflige la qualité de maîtresse, tandis qu'il flétrit ses enfants légitimes du qualificatif de bâtards. Des faits de cette gravité se passant dans la première maison princière de l'Europe, n'auraient pas manqué de laisser dans l'histoire des traces profondes. On ne les trouve nulle part.

Le roman continue ainsi : En 1482, après l'assassinat de *son mari,* Catherine, duchesse de Gueldres, souveraine, possédant tout ce qu'il fallait pour élever comme il convient ses enfants, les envoie en France, et confie le soin de les élever et de les établir, à qui ? aux mêmes princes qui n'ont pas voulu reconnaître son mariage, et qui n'admettent ces enfants dans leur maison que comme étant nés hors mariage. On avouera, en jugeant les faits froidement et sans aucun parti pris, que tout ceci semble constituer une série d'invraisemblances difficiles à admettre.

Le chef de la maison de Bourbon, Pierre II, duc de Bourbon, accueille les enfants et pourvoie à leur établissement, mais il les tient quand même et toujours pour « Bâtards de Liège ». Ainsi font les rois Charles VIII et Louis XII. C'est ici qu'intervient la famille de Bourbon-Busset, issue de Pierre de Bourbon, qualifié de « Bâtard de Liège » en disant que ce Pierre intenta un procès à son bienfaiteur, le duc de Bourbon (Pierre II), pour obtenir la reconnaissance de sa qualité d'enfant légitime ; que Philippe de Bourbon, baron de Busset, avait continué l'instance, laquelle se serait terminée près de vingt ans après par un arrêt du

Conseil du Roi, reconnaissant à Philippe de Bourbon et à ses hoirs, la qualité de « vrais et légitimes enfants de la maison de Bourbon, nés en loyal mariage, qu'ils porteraient les armes comme les autres princes de la maison, sans qu'ils puissent prétendre aucun partage de la dite maison », et que cet arrêt aurait été enregistré par le Parlement de Paris, en 1518.

Ces renseignements furent communiqués par M. le comte de Bourbon-Busset, en 1872, à M. Dussieux, pour sa *Généalogie de la Maison de Bourbon*, publiée à cette date. C'est ensuite de ces renseignements que M. Dussieux fait figurer les Bourbons-Busset, dont il déduit la filiation jusqu'à nos jours, parmi les branches légitimes de la maison de Bourbon. « Les mémoires de la maison de Busset » disent ; tel est le point de départ de son argumentation. Or, « mémoires » cela signifie le plus souvent, les traditions, toujours fort respectables, assurément, mais rarement authentiques. N'était-il pas plus simple de publier l'arrêt du Conseil du Roi et celui du Parlement, s'ils existent en original ou en copie authentique? Pour nous, nous avouons que cette phrase « seraient reconnus, *à l'avenir*, pour vrais et légitimes enfants de la maison de France, nés en légitime mariage », nous semble être une légitimation et rien autre chose. Quel intérêt le duc de Bourbon et les Rois de France pouvaient-ils avoir à maintenir obstinément, pendant près de quarante ans, dans la situation d'illégitimité des enfants légitimes ?

Il n'est pas jusqu'au silence gardé sur le jour et le lieu du mariage de Louis de Bourbon et de Catherine de Gueldres, qui ne donne matière à conjectures. Les mariages princiers ne se conservent pas sous le boisseau, et celui-ci, à cause du retentissement que les protestations de Louis XI lui avait donné, pouvait et devait avoir sa date fixée d'une manière précise.

Quoiqu'il en soit de notre opinion à ce sujet, appuyée par l'autorité de MM. de Sainte-Marthe et de beaucoup de généalogistes, comme ce livre n'est pas une œuvre de scandale, nous nous abstiendrons d'y faire figurer la généalogie de la famille de Bourbon-Busset, et nous nous bornerons à dire que Louis de Bourbon, prince-évêque de Liège, eut trois fils :

1° Pierre de Bourbon, auteur des Bourbon-Busset, encore actuellement existants ;

2° Louis de Bourbon, enfant d'honneur du roi Charles VIII, né en 1465, vivant encore le 26 juin 1500 ;

3° Jacques de Bourbon, chevalier de Saint-Jean-de-Jérusalem, commandeur de Saint-Maulvis, d'Oisemont et de Fontaine (aujourd'hui arrondissement d'Amiens, Somme), puis grand prieur de France. Il fut l'un de ces héroïques chevaliers qui défendirent Rhodes contre les Turcs, et capitulèrent le 20 décembre 1522, après un siège mémorable. Il publia à Paris, en 1525, petit in-folio gothique, un récit de ce siège célèbre, sous ce titre : *La grande et merveilleuse et très cruelle oppugnation de la cité de Rhodes;* cette pièce, fort rare, fut réimprimée en 1526, in-4°, et en 1527, in-folio. Jacques de Bourbon, né en 1466, mourut à Paris, le 22 septembre 1527 et fut inhumé au Temple.

§ 7.

Enfants naturels de Charles Ier, duc de Bourbon.

1. Louis, bâtard de Bourbon, comte de Roussillon et de Ligny, seigneur de Valognes, Usson, Crémieu, Beauregard, Vizil, Moras, Commisson, Montpensier, etc..., chevalier de l'ordre du Roi, amiral de France, maréchal et sénéchal du Bourbonnais, capitaine de Verneuil, capitaine de quatre-vingt-quinze hommes d'armes des ordonnances, né de Jeanne de Bournan, légitimé par lettres datées de Pontoise, en septembre 1463; ambassadeur en Angleterre, en 1466, commandant l'armée opposée aux Bretons, en 1475; il fut un des députés chargés de traiter de la paix

avec le roi d'Angleterre, et en 1477, le Roi l'envoya en Picardie pour retirer les places engagées au duc de Bourgogne, et les réunir à la couronne ; il avait fondé une chapelle à Formigny, en souvenir de la bataille de ce nom où il avait valeureusement combattu. Mort le 19 janvier 1488, et inhumé dans l'église de Saint-François de Valognes. — D'après ses sceaux, on voit qu'il portait pour armes : *de France au bâton noueux de gueules mis en barre.* Il avait épousé, en février 1466, *Jeanne de France,* fille bâtarde du roi Louis XI et de Marguerite de Sassenage, morte en 1519 et inhumée dans la chapelle de Mirebeau, en Anjou, dont la seigneurie lui avait été donnée par Anne de France, duchesse de Bourbon, dame de Beaujeu, sa sœur, de laquelle il eut :

A. Charles de Bourbon, comte de Roussillon et de Ligny, mort sans enfants et enterré auprès de sa mère, aux Cordeliers de Mirebeau. Il avait épousé en 1506, *Anne de La Tour,* fille de Godefroy de La Tour, seigneur de Montgascon, et d'Antoinette de Polignac ;

B. Suzanne de Bourbon, comtesse de Roussillon et de Ligny, alliée : 1° à *Jean de Chabannes,* comte de Dammartin, fils d'Antoine, comte de Dammartin et de Saint-Fargeau, et de Marguerite de Nanteuil, dont elle était veuve en 1503 ; 2° à *Charles de Boulainvilliers,* seigneur de Beaumont-sur-Oise et Verneuil, fils de Philippe de Boulainvilliers, mort en 1529, sans enfants ;

C. Anne de Bourbon, dame de Mirebeau, La Roche-Clermont et Parnon, en Touraine, femme de *Jean, baron d'Arpajon.*

Fils naturel de Louis, bâtard de Bourbon.

D. Jean, bâtard de Bourbon, protonotaire apostolique, abbé commendataire de Seuilly, près Chinon.

2. Renaud, bâtard de Bourbon, prieur commandataire de Montverdun en-Forez, en 1467, évêque de Laon, archevêque de Narbonne, le 16 décembre 1472. D'après plusieurs exemplaires de son sceau, conservés dans la collection de Clairembault, Bibl. nat., ses armes étaient *d'argent à la bande d'azur fleudelisée d'or, chargée d'un filet de gueules.* Il mourut au prieuré de Saint-Pierre, diocèse de Lyon, le 7 juin 1483, laissant deux enfants naturels, qui suivent :

A. Charles, bâtard de Bourbon, protonotaire apostolique, chantre de l'Eglise de Narbonne, puis évêque de Clermont. Il mourut au château de Beauregard, le 22 février 1504, à l'âge de quarante-trois ans. — D'après son sceau, on voit qu'il portait pour armes : *D'argent à une barre d'azur semée de fleurs de lys d'or, chargée d'un filet de gueules, à la bordure engrelée de gueules ;*

B. Suzanne, bâtarde de Bourbon, née avant que son père ne fût dans les ordres. Elle obtint de Pierre, duc de Bourbon, son oncle, par lettres patentes de 1501, la permission de porter le nom de Bourbon et les armes ainsi blasonnées : *D'argent à deux barres d'azur chargées chacune de trois fleurs de lys d'or, à une cotice de gueules entre les deux, et une bordure engrélée de gueules.*

3. Pierre, bâtard de Bourbon, seigneur de Bois-d'Yoin, en Lyonnais, par donation de son frère, Jean II, duc de Bourbon, du 9 octobre 1475, capitaine et châtelain de Billy, par lettres du 18 octobre 1471, puis de Montmorant et de Saint-Bonnet, par lettres du 18 octobre 1478. Il prit depuis l'état ecclésiastique, devint protonotaire apostolique en 1488, et mourut avant 1492. Il laissa deux filles naturelles :

A. Antoinette de Bourbon, mariée à *Pierre d'Yenne,* écuyer, en 1492 ;

B. Catherine de Bourbon, mariée en 1492 à *Pierre Oliflant,* archer de la garde du corps du duc de Bourbon.

4. Jeanne, bâtarde de Bourbon, née de Jeanne de Souldet, femme mariée ; fut légitimée en octobre 1492. Elle avait obtenu l'autorisation, par lettres du 22 janvier 1490, de porter pour armoiries : *Ecartelé aux 1 et 4 d'argent à une barre d'azur chargée de six fleurs de lys d'or, à la cotice de gueules brochant sur la barre, aux 2 et 3 échiqueté d'or et de sable.* — Elle épousa *Jean,* seigneur du Fau, en Touraine, maître d'hôtel du Roi.

5. Sidoine, bâtarde de Bourbon, femme de *René,* seigneur du *Bus* et de Cantiers, en Vexin, écuyer, le 15 mars 1460.

6. Charlotte, bâtarde de Bourbon, était mariée en 1488, à *Odille de Senay,* écuyer, fils de Martin de Senay, chevalier.

7. Catherine, bâtarde de Bourbon, légitimée en juillet 1452, abbesse de Sainte-Claire d'Aigueperse.

§ 8.

Enfants naturels de Jean II, duc de Bourbon.

1. Mathieu, bâtard de Bourbon, seigneur de Bothéon, en Forez, baron de la Roche-en-Renier, par dotation de son père, le 2 juillet et le 16 octobre 1486, conseiller et chambellan du Roi, amiral et gouverneur de Guyenne et de Picardie,

surnommé le Grand Bâtard de Bourbon. Il fit avec honneur toutes les guerres de Louis XI et de Charles VIII, et fut fait prisonnier à la bataille de Fornoue ; il fut nommé maréchal et sénéchal du Bourbonnais le 29 novembre 1503 et était mort avant le mois de septembre 1505. On ne voit nulle part qu'il ait laissé d'enfants. D'après son sceau, ses armes étaient *d'argent à la bande d'azur semée de fleurs de lys d'or, et brisée d'une cotice de gueules sur la bande.*

2. Charles, bâtard de Bourbon, auteur des seigneurs de Lavedan et de Malause, qui suivront plus loin (chapitre XIX).

3. Hector, bâtard de Bourbon, évêque de Lavaur, archevêque de Toulouse en 1492, chancelier du Bourbonnais, par lettres du 9 août 1500; mort en 1502 et inhumé dans l'église de Saint-Etienne de Toulouse.

4. Marie, bâtarde de Bourbon, mariée le 27 janvier 1470 à *Jacques de Sainte-Colombe*, écuyer, seigneur de Th[illegible] en Beaujolais.

5. Marguerite, bâtarde de Bourbon, légitimée le 4 décembre 1462, mariée le 4 octobre 1462 à *Jean de Ferrières*, écuyer, seigneur de Presle.

6. Pierre, bâtard de Bourbon, chanoine de l'église collégiale de Montbrison, mort jeune.

CHAPITRE XIV

COMTES DE MONTPENSIER

(*Issus de Louis de Bourbon, comte de Montpensier, troisième fils de Jean Ier, duc de Bourbon, et de Marie de Berry.*)

Armes : *De France, à une cotice de gueules brisée au premier point d'un carreau d'or, chargé d'un dauphin d'azur, crété et oreillé d'argent.*

Fille naturelle de Charles III, duc de Montpensier.

Catherine, bâtarde de Bourbon, mariée à *Bertrand de Sallemart*, chevalier, seigneur de Ressis, gentilhomme de la chambre du comte de Montpensier, le 21 mai 1469.

CHAPITRE XV

COMTES DE LA MARCHE

(*Issus de Jacques de Bourbon, comte de la Marche et de Ponthieu, troisième fils de Louis Ier, duc de Bourbon, et de Marie de Hainaut.*)

Armes : *De France, à la bande de gueules, chargée de trois lionceaux d'argent.*

§ I.

Fils naturel de Jean de Bourbon, comte de La Marche.

Jean, bâtard de La Marche. Il est mentionné dans le testament de Jacques de Bourbon, comte de La Marche, son frère.

§ 2.

Fils naturel de Jacques de Bourbon, deuxième du nom, comte de La Marche.

Claude d'Aix, mort novice aux Cordeliers de Dòle, en Franche-Comté, après avoir longtemps porté les armes, et inhumé dans l'église de ce couvent.

CHAPITRE XVI

COMTES DE VENDÔME

(*Issus de Louis de Bourbon, deuxième fils de Jean de Bourbon, comte de La Marche, et de Catherine, comtesse de Vendôme.*

Armes : *De France à la cotice de gueules, périe en bande, chargée de trois lionceaux d'argent.*)

§ I.

Enfant naturel de Louis de Bourbon, comte de Vendôme.

Jean de Bourbon, bâtard de Vendôme, seigneur de Préaux, Vanssay et Bonneval, né en Angleterre de Sybille Bostum, anglaise; légitimé par lettres de mai 1449 et du 2 février 1469. Il assista à la prise du château de Fronsac, en 1451, et y fut fait chevalier. Il obtint, en mai 1449, des lettres de légitimation, données à Bazilly, près de Chinon, mais à la condition de ne pouvoir disposer de ses biens, parce qu'ils lui venaient de la maison de Vendôme, qu'au profit de Louis de Bourbon, prince de La Roche-sur-Yon. Il portait les armes de Vendôme, brisées d'une *cotice d'argent en barre.*

Il avait épousé : 1° *Jeanne d'Illiers,* fille de Jean d'Illiers, seigneur des Radets, en Vendômois, et de Catherine de Mailly ; 2° *Gillette Perdriel,* de Sens, laquelle lui donna six enfants :

1° Jean de Vendôme, curé de Lunay, conseiller au Parlement, exécuteur du testament de Mathurine, sa sœur, le 5 mars 1483 ;

2° François de Vendôme, curé de Lunay, après son frère, chanoine et prévôt de la collégiale de Vendôme, mort avant 1540 ;

3° Jacques de Vendôme, écuyer, mort sans enfants ;

4° Louise de Vendôme, femme de *Jean des Loges,* seigneur de Toucheronde, capitaine du château de Lavardin ;

5° Mathurine de Vendôme, mariée en 1479 à *Pierre de Montigny,* écuyer, seigneur de La Boisse, morte avant le 3 mars 1483 ;

6° Marie de Vendôme, femme de *N..., seigneur de La Valette,* en Limousin.

§ 2.

Enfants naturels de Jean II de Bourbon, comte de Vendôme.

1. Jacques, bâtard de Vendôme, auteur des seigneurs de Ligny, qui suivront (chapitre xx).

2. Louis de Bourbon, bâtard de Vendôme, né de Guyonne Peignée, dite de Vieuxville, fut successivement licencié ès lois, chantre de l'église de Saint-Georges de Vendôme le 3 novembre 1481, prieur d'Epernon, conseiller-clerc au Parlement de Paris (18 février 1483), évêque d'Avranches le 17 septembre 1485. Il avait 400 livres de pension du Roi. Aux quittances qu'il donnait pour ce motif se trouve son sceau qui porte : *De France à la bande de gueules chargée de trois lionceaux d'argent.* (Collection Clairembault.) Il mourut à Tours le 21 octobre 1510.

§ 3.

Fils naturel de François de Bourbon, comte de Vendôme.

Jacques de Bourbon, née d'Isabeau de Grigny, fille de Jacques de Grigny et de N... de Longueval.

§ 4.

Fils naturel de Charles, cardinal de Bourbon (Charles X).

N... Poullain. — Le roi Henri IV le dénomme « Le sieur Poullain, fils naturel de feu M. le cardinal de Bourbon », son oncle, en lui faisant ordonnancer le paiement d'une somme de 1,000 écus, dont il lui avait fait don le 16 mars 1595.

§ 5.

Fils naturel de Jean de Bourbon, comte de Soissons et d'Enghien.

N... de Valency, tué au siège de Bourges en 1562, ainsi que le mentionne une lettre écrite, le 22 août 1562, de Bourges en Berry, par le sieur de Voisinlieu à M. de Gonor, surintendant des finances.

§ 6.

Fils naturel de Charles de Bourbon, duc de Vendôme.

Nicolas-Charles de Bourbon et de Board, né de Nicole de Board, de la ville de Gand, vivait en 1565. De *Jeanne de Bordeix* et de Rahers, il eut : 1° Jacques ; 2° Michel-Charles ; 3° Christophe ; 4° Marguerite ; 5° Jeanne de Bourbon et de Board.

CHAPITRE XVII

SEIGNEURS DE CARENCY

(*Issus de Jean de Bourbon, troisième fils de Jean de Bourbon, comte de La Marche, et de Catherine, comtesse de Vendôme.*)

Armes : *De France, au bâton de gueules chargé de trois lionceaux d'argent, à la bordure de gueules.*

§ I.

Enfants naturels de Jean Ier de Bourbon, seigneur de Carency en Artois, et de Jeanne de Vendômois, fille d'Hamelin de Vendômois et d'Alix de Resse, et femme de Gervais Roussart.

1. Louis de Bourbon, seigneur de l'Ecluse, surnommé *le Brûlé*, qui vivait encore en janvier 1458, quoique son épitaphe aux Cordeliers de Senlis portât qu'il mourut à Louvres en Parisis,

et que son corps fut apporté à cette église en 1453.

2. Jean de Bourbon, mort à Compiègne, sans alliance.

3. Jeanne de Bourbon, morte à l'âge de quatorze ans, à Tours, où elle fut enterrée.

Le mari de sa maîtresse étant mort, Jean de Bourbon, seigneur de Carency, veuf de Catherine d'Artois, épousa Jeanne de Vendômois, en vertu d'une permission de l'Official du Mans, le 3 septembre 1430. Tous les princes de la maison de Bourbon s'opposèrent à ce mariage, mais il fut validé par une bulle du pape Eugène IV, en 1438.

§ 2.

Fille naturelle de Pierre de Bourbon, seigneur de Carency.

Catherine de Bourbon de Carency, mariée en 1469 à *Bertrand de Salemard,* seigneur de Ressis.

CHAPITRE XVIII

PRINCES DE LA ROCHE-SUR-YON

(*Issus de Louis de Bourbon, deuxième fils de Jean II de Bourbon, comte de Vendôme, et d'Isabeau de Beauvau.*

Armes : *De France, au bâton péri de gueules en bande, chargé d'un croissant d'argent en chef.*

§ I.

Fils naturel de Louis de Bourbon, prince de La Roche-sur-Yon.

Jacques de La Roche-sur-Yon, dit Helvis, évêque, duc de Langres, pair de France, de 1562 à 1565.

CHAPITRE XIX

VICOMTES DE LAVEDAN ET MARQUIS DE MALAUSE

Armes : *D'argent à la bande semée de France, au filet de gueules sur le tout, aussi en bande.* Plus tard, au siècle suivant, ils portèrent pour armes : *D'azur à trois fleurs de lys d'or, brisé en cœur de deux bâtons péris et posés en sautoir (croisés en bande et en barre), l'un de gueules, l'autre d'argent.*

§ I.

VICOMTES DE LAVEDAN

I. Charles, bâtard de Bourbon, baron de Caudes-Aigues et de Malause, seigneur de La Chaussée, Étain et Bouconville, conseiller et chambellan du Roi, sénéchal de Toulouse et du Bourbonnais, était fils naturel de Jean II, duc de Bourbon, et de Louise d'Albret, dame d'Estouteville (voir chapitre XIII, § 7). Il mourut le

8 septembre 1502. Avait épousé, en 1489, *Louise de Léon*, vicomtesse de Lavedan, dame de Malause, fille de Gaston de Léon, seigneur de Malause en Bigorre, sénéchal de Toulouse, et de Jeanne, vicomtesse de Lavedan en Bigorre. Par lettres du 11 janvier 1494, le roi Charles VIII lui fit don de la baronnie de Caudes-Aigues, en Auvergne. — Il eut d'elle :

1° Hector de Bourbon, vicomte de Lavedan, capitaine de trente lances des ordonnances, mort avant le 26 juin 1525. (On dit qu'il fut fait prisonnier, d'autres disent qu'il fut tué à la bataille de Pavie.) Sans enfants de sa femme, *Renée d'Anjou*, fille de René d'Anjou, seigneur de Mézières, et d'Antoinette de Chabannes ;

2° Jean, qui suit ;

3° Jacques de Bourbon, mort sans postérité ;

4° Gaston de Bourbon, auteur de la branche des seigneurs de Basian, qui suivra.

2. Jean de Bourbon, vicomte de Lavedan, baron de Malause, de Barbazan et de Caudes-Aigues, gouverneur de la princesse de Navarre en 1542, mort en 1549. — Allié en 1529 à *Antoinette d'Anjou*, fille de René d'Anjou, seigneur de Mézières, et d'Antoinette de Chabannes ; puis en 1539 à *Françoise de Silly*, dame du Puy,

Cerisay, etc., fille de François de Silly, seigneur de Lonray, bailli de Caen, et d'Aimée de La Fayette. Du premier mariage sont nés :

1° Anne, qui suit ;

2° Manaud de Bourbon, baron de Barbazan, marié à *Anne de Castelnau-Coaraze*, fille d'Antoine de Castelnau, seigneur de La Loubère, et de Catherine de Barzilhac, de laquelle il eut :

A. Annet de Bourbon, baron de Barbazan, né vers 1557, marié à *Andrée d'Antin*, fille d'Arnaud, baron d'Antin, sénéchal et gouverneur de Bigorre, et d'Anne d'Ornezan. Il n'en eut que quatre filles :

1° Catherine de Bourbon, femme de *Roger de Comminge*, seigneur de Péguilhem ;

2° Jeanne de Bourbon, femme de *N... de Doulhac ;*

3° Madeleine de Bourbon, femme de *N... de Saint-Paul*, seigneur de Lesponey en Bigorre ;

4° Anne de Bourbon, femme de *N..., seigneur de Gonnez*.

Du second mariage de Jean de Bourbon, vicomte de Lavedan, avec *Françoise de Silly*, sont nés :

3° Henri de Bourbon, auteur des marquis de Malause, qui vont suivre ;

4° Marie de Bourbon, alliée en 1568 à *Jean Guichard*, seigneur du Péré ou du Pérazet, en Vendômois ;

5° Louise de Bourbon, née à Moulins, le 21 octobre 1548, abbesse de Fontevrault, morte le 11 janvier 1637 ;

6° Jeanne de Bourbon, abbesse de La Règle, en Limousin, puis de la Trinité de Poitiers ; morte le 15 mars 1610, âgée de soixante-un ans ;

7° Françoise de Bourbon, femme de *Bertrand de Larmaudie,* seigneur de Longa ;

8° Aimée de Bourbon, sans alliance.

3. Anne de Bourbon, vicomte de Lavedan, baron de Beaucen, Malause et Barbazan, mort en novembre 1594. Il avait épousé : 1° le 27 décembre 1551, *Jeanne d'Abzac,* fille de Pierre d'Abzac, seigneur de La Douze en Périgord, et de Jeanne de Bourdeille ; 2° *Catherine de Tersac-Montbéraut,* dame de La Case. — Du premier mariage seulement, sont nés :

1° Jean-Jacques, qui suit ;

2° Jeanne de Bourbon, femme d'*Antoine, seigneur de Bégole ;*

3° Jeanne de Bourbon, la jeune, mariée,

le 22 septembre 1586, à *Guillaume de Montvalat ;*

4° Madeleine de Bourbon, femme de *Louis, seigneur de la Corne,* près de Randan.

Enfant naturel.

5° Anne de Lavedan, que son père déclare, dans son testament, avoir eu de sa chambrière pendant son veuvage; il lui lègue 1,000 livres, et chargea Henri de Bourbon, son frère, de son éducation.

4. Jean-Jacques de Bourbon, vicomte de Lavedan, mort après le 25 août 1610 ; allié : 1° le 16 octobre 1600, à *Catherine de Bourbon,* fille de Jean de Bourbon, baron de Basian ; 2° à *Marie de Gontaut,* fille d'Arnaud de Gontaut, seigneur de Saint-Geniez, et de Jeanne de Foix, et veuve de Philippe de Montaut-Bénac. — Se voyant sans enfant, il lui fit don de la vicomté de Lavedan.

§ 2.

MARQUIS DE MALAUSE

(Issus des vicomtes de Lavedan.)

Mêmes armoiries que les vicomtes de Lavedan.

3. Henri de Bourbon, baron de Malause, conseiller et chambellan de Henri IV, roi de Navarre,

lieutenant de sa compagnie de gens d'armes ; né en 1544, mort à Miramont en 1611. Allié le 19 mai 1572 à *Françoise de Saint-Exupéry*, dame de Miramont, fille de Guy de Saint-Exupéry, seigneur de Miramont, et de Madelaine de Saint-Nectaire. D'eux naquirent :

1° Henri, qui suit ;

2° Elie de Bourbon, né en 1572, vivant encore en 1584, mais mort peu après ;

3° Jacques de Bourbon, mort jeune ;

4° Madeleine de Bourbon, mariée le 15 août 1595 à *Gilbert-François de Cardaillac*, baron de La Capelle-Marival, chevalier de l'ordre du Roi et gentilhomme ordinaire de la Chambre. On lit dans les si amusantes *Historiettes* de Tallemont des Réaux : « Un certain de La Capelle, parent du marquis de Malause, avait fait faire à d'Hozier sa généalogie et la portait toujours sur lui, bien reliée, in-quarto. Il faisait sans cesse tomber la conversation sur cela, et, à tout bout de champ, tirait son livre. » C'était Henri-Victor de La Capelle, baron de La Capelle-Marival, le propre fils de Madeleine de Bourbon. Le nom de sa mère lui avait tourné la tête.

5° Françoise de Bourbon, alliée le 3 août 1605 à *Bertrand de Peyronenc*, seigneur de Sanchemarans en Quercy.

4. Henri de Bourbon, marquis de Malause (par érection de Henri IV), vicomte de Lavedan, capitaine de cinquante hommes d'armes, maréchal de camp ; il était le filleul de Henri IV et protestant comme lui. Il abjura le protestantisme le 3 octobre 1647, et mourut le 31 décembre suivant, âgé de soixante-dix ans, au château de Sanchemarans en Quercy. — Il avait épousé *Marie de Chalon,* dame de La Case en Albigeois, fille de Antoine de Chalon, seigneur de La Case, et d'Anne de Lannoy-La Boissière, qui lui donna :

1° Louis, qui suit ;

2° Madeleine, alliée : 1° à *Jacques d'Escars,* marquis de Merville ; 2° le 26 janvier 1636, à *Jean de Thubières de Pestels de Grimoard de Lévis,* comte de Caylus ; elle mourut à Montal en Auvergne, en septembre 1638 ;

3° Victoire de Bourbon, mariée à *Armand d'Escodéca,* marquis de Mirambeau et de Pardaillan, morte en août 1644.

5. Louis de Bourbon, marquis de Malause, vicomte de Lavedan, mort à Paris, à l'hôtel d'Orléans, le 1er septembre 1667, âgé de cinquante-neuf ans et trois mois, et inhumé à La Case, en Albigeois. Il avait épousé : 1° en l'église Saint-Sulpice de Paris, le 23 avril 1638, *Charlotte*

de Kerveno, fille de François, marquis de Kerveno, et de Marie de Lannoy-La Boissière, dont il eut :

1° Henri de Bourbon, né le 14 juillet 1644, à La Case en Albigeois, et mort jeune ;

2° Madeleine de Bourbon, née en 1644, morte jeune.

En secondes noces, il épousa, en 1653, *Henriette de Durfort*, fille de Guy-Aldonce de Durfort, marquis de Duras, et de Elisabeth de La Tour de Bouillon, dont il eut :

3° Guy-Henri, qui suit ;

4° Armand de Bourbon, marquis de Miremont, né le 12 juillet 1655, se réfugia en Angleterre où il se fit appeler le comte de Bourbon, à cause de sa religion réformée, et y servit, d'abord en Angleterre, puis en Hollande, en qualité de lieutenant général. Il y vivait encore le 26 mai 1713, et mourut à Londres le 23 février 1732 ;

5° Louis de Bourbon, comte de La Case, né le 10 mars 1667, enseigne des gardes du corps de Guillaume III, roi d'Angleterre, tué à la bataille de La Boyne, le 22 juillet 1690, sans alliance ;

6° Charlotte de Bourbon, Mademoiselle de Malause, née le 4 avril 1659, réfugiée en

Angleterre ; morte à Londres, au palais de Somerset, le 25 octobre 1732 ;

7° Henriette de Bourbon, Mademoiselle de La Case, née en 1661, morte à Paris en 1668.

Enfant naturel.

8° Louis, bâtard de Bourbon-Malause, né de Françoise de Birgand, baptisé à Saint-Sulpice de Paris, le 17 février 1641.

6. Guy-Henri de Bourbon, marquis de Malause, vicomte de Lavedan, comte de La Case, colonel du régiment de Rouergue, brigadier des armées du Roi, né le 23 juin 1654, servit sous le maréchal de Turenne, son grand'oncle, dans plusieurs campagnes, et ne quitta le service que pour ses infirmités. Il fit abjuration, à Paris, de la religion réformée, le 12 août 1678, et mourut le 18 août 1706, au château de La Case en Albigeois, près de Castres. — Marié : 1° à *Marie-Hyacinthe Mitte de Chevrières de Saint-Chaumont,* fille d'Armand-Jean Mitte, marquis de Saint-Chaumont, comte de Miolans, et de Gasparde de La Porte-d'Ossun ; elle mourut en mai 1694, en couches de sa fille unique :

1° Marie-Geneviève-Henriette-Gertrude de Bourbon, marquise de Montpezat, dame de Brugnière, mariée à Paris, le 31 janvier 1715, dans la chapelle de l'Hôtel de Lauzun, paroisse de Saint-Sulpice, à *Ferdinand-Joseph de Poitiers, de Rye et d'Anglure,* comte de Vadans; elle fut dame pour accompagner la duchesse d'Orléans, veuve du Régent, et mourut le 7 mars 1778.

En secondes noces, le marquis de Malause épousa, en 1692, *Marie-Louise-Françoise de Béranger de Montmouton,* fille de Charles de Béranger, marquis de Montmouton, et de Louise de Castelnau-Clermont-Lodève; elle mourut au château de Saint-Cosme, dans le Rouergue, le 5 juillet 1738, âgée de soixante-quinze ans. — De cette union sont issus :

2° Louis-Auguste, qui suit;

3° Armand, qui suivra après son frère;

4° Arnaud de Bourbon, chevalier de Malte, commandeur de Condat en Périgord, où il mourut.

7. Louis-Auguste de Bourbon, marquis de Malause, vicomte de Lavedan, comte de La Case, baron de Caudes-Aigues, colonel du régiment d'Agénois le 1er février 1719, brigadier des armées du Roi le 15 mars 1740. — Né en 1694, marié à Paris, le 15 mars 1719, à *Marie-Christine de Maniban,* fille de Gaspard-Joseph de Maniban, marquis de Maniban et de Campagne, premier président au Parlement de Toulouse, et de Jeanne-Christine de Lamoignon de Baville;

il mourut sans postérité au château de La Case, près Castres, le 27 décembre 1741. Sa femme mourut le 23 mai 1751.

8. Armand de Bourbon, comte de Malause, puis marquis de Malause après la mort de son frère aîné, brigadier des armées du Roi. Né en 1696, mort à Villefranche, en Italie, le 26 avril 1744, à l'âge de quarante-huit ans, des blessures qu'il avait reçues à l'attaque des retranchements de Villefranche et de Montalban. — Il ne se maria pas et la branche de Malause s'éteignit avec lui.

§ 3.

BRANCHE DES BARONS DE BASIAN

(*Issue de celle de Lavedan.*)

Mêmes armes que les précédents.

2. Gaston de Bourbon, seigneur de Basian, était le quatrième fils de Charles, bâtard de Bourbon, vicomte de Lavedan, et de Louise de Léon. Il fut guidon de la compagnie de cent lances du Roi de Navarre, de 1545 à 1550, et capitaine du Château-Trompette. Dans une ordonnance du 17 juin 1547, Henri d'Albret, roi de Navarre, l'appelle « *son très-cher et bien-aimé cousin* ». Il épousa, le 25 février, 1534, en

présence du roi François Ier et de la reine de Navarre, *Suzanne du Puy*, dame de Parentis et d'Audagence, et en eut :

1° Jean, qui suit ;

2° D'autres enfants, qui ne sont connus que parce que leur mère, en le mariant, appelle Jean de Bourbon son fils aîné.

3. Jean de Bourbon, baron de Basian, seigneur d'Audagence, se fit calviniste, et tous ses descendants conservèrent cette religion, qui fut, sans doute, cause de l'obscurité dans laquelle cette branche vécut et s'éteignit. — Il fit son testament le 22 avril 1604. — Allié, le 6 juin 1564, à *Françoise de Saint-Martin*, fille de Jean, seigneur de Saint-Martin, vicomte de Vicarosse.

Leurs enfants :

1° Samuel, qui suit ;

2° Catherine de Bourbon, alliée, le 16 octobre 1600, à *Jean-Jacques de Bourbon*, vicomte de Lavedan, son cousin.

4. Samuel de Bourbon, baron de Basian, baptisé en 1583 ; marié, le 23 août 1599, à *Elisabeth d'Astarac*, fille de Michel d'Astarac, seigneur de Fontrailles, sénéchal d'Armagnac, et d'Isabelle de Gontaut-Cabrerez.

Leur fils unique fut :

5. Gédéon de Bourbon, baron de Basian et l'Audagence, seigneur de La Canau, Parentis,

Saint-Aulaye et Saint-Paul, né en 1608, produisit ses titres de noblesse et ses armoiries devant l'intendant de Guyenne, le 29 octobre 1666. Allié, le 28 juin 1648, à *Anne-Louise d'Alba*, dont :

1° Louis, qui suit ;

2° Benjamin de Bourbon, mousquetaire du Roi, première compagnie, mort à Paris le 21 février 1680, âgé d'environ vingt-six ans, et inhumé à Saint-Sulpice ;

3° Anne de Bourbon, femme de *Paul de Polastron,* seigneur de Maurens ;

4° Anne-Louise de Bourbon, alliée le 12 août 1672 à *Phinées de Sariac,* seigneur de Pontchentut ;

5° Catherine de Bourbon, mariée à *Jean de Boulouse.*

6. Louis de Bourbon, baron de Basian, présenta à l'intendant de Montauban, en 1697, l'écusson de ses armes. Il mourut en 1722. Il avait épousé, le 4 juillet 1721, *Anne de Garisson.* — On pense qu'il avait contracté un premier mariage duquel serait issu le suivant :

7. N... de Bourbon, baron de Basian, vivant marié au diocèse d'Auch, à la fin d'août 1725.

CHAPITRE XX

BRANCHE DE BOURBON-VENDÔME, SEIGNEURS DE LIGNY ET DE RUBEMPRÉ

(*Issue de Jean de Bourbon, comte de Vendôme.*)
Chapitre XVI, § 2.

Armes : *De Bourbon-Vendôme,* c'est-à-dire *d'azur à trois fleurs de lys d'or, à la bande de gueules chargée de trois lionceaux d'argent, brochante, brisé d'un filet d'argent en barre.*

1. Jacques, bâtard de Vendôme, fils de Jean II de Bourbon, comte de Vendôme, et de Philippe ou Philippote de Gournay, « son amie », connu, après sa légitimation, sous le nom de Jacques de Bourbon-Vendôme, chevalier, seigneur et baron de Ligny, seigneur de Bonneval, Vançay, Fortel, Heux en Ternois, La Vacquerie et Vierge, chambellan du roi François Ier, gouverneur du Valois. Il touchait, en 1511, 400 livres de pension de Louis XII ; le roi François Ier le légitima en

décembre 1518, et lui donna en 1522 le château et le parc de Villers-Cotterets et 1,250 livres de rente sur les greniers à sel et domaine du duché de Valois. — Il mourut le 1er octobre 1524 et fut inhumé dans l'abbaye de Longpont, près de Soissons. — Il avait épousé, le 7 décembre 1505, *Jeanne de Rubempré*, fille de Charles, seigneur de Rubempré, et de Françoise de Mailly, et veuve de François de Crevecœur. Marie de Luxembourg, comtesse de Vendôme, sa belle-sœur, intervient dans le contrat de mariage et lui donne, pour 1,200 livres de rente, les châteaux et seigneuries de Ligny-sur-Canche et de Fortel; elle lui avait déjà donné, le 2 janvier précédent, les seigneuries de Bonneval et de Vançay. De ce mariage sont nés :

1° Claude, qui suit;

2° André de Bourbon, chevalier, seigneur de Rubempré, Rieux, Bellehart, Saint-Rémy-en-Rivière, Dancourt, Nullemont, Froideville et Cumontville, capitaine de cinquante hommes d'armes des ordonnances (le 11 janvier 1563), député de la noblesse du Ponthieu aux Etats de Blois (en 1576), chevalier de l'ordre du Roi (26 janvier 1563), gouverneur et lieutenant général des ville et château d'Abbeville (le 5 avril 1577). Etant lieutenant de la compagnie d'hommes d'armes de M. d'Estrées, en 1560, il donna une quittance de ses gages de cet office. Son sceau porte *un écu écartelé aux* 1 *et* 4, *trois fleurs de lys au bâton alaisé en bande brochant, à un bâton en barre brochant sur le tout*; *aux* 2 *et* 3, *trois jumelles qui est Rubempré.* (Titres scell. de Clairembault, vol. 123, p. 435. Bibl. nat.) Il avait épousé : 1° *Anne de Busserade,* fille de Louis de Busserade, seigneur de Rieux, et de Marguerite de Boufflers ; 2° le 18 septembre 1560, *Anne de Roncherolles,* fille de Philippe de Roncherolles, baron du Pont-Saint-Pierre, et de Suzanne de Guisencourt. Du premier mariage naquit :

A. Jean de Bourbon-Vendôme, seigneur de Rubembré, mort sans alliance au château de Cagny ;

Du second mariage :

B. Charles de Bourbon-Vendôme, seigneur de Rubempré, gouverneur de Rue, mort sans alliance, en 1595. Une lettre de Henri IV, du 26 mars 1592, prouve qu'il servait le Roi contre la Ligue ;

C. Louis de Bourbon-Vendôme, seigneur de Grainville et de Rubempré, né en 1574, mort sans alliance en 1598 ;

D. Marguerite de Bourbon-Vendôme,

dame de Rubempré, mariée, le 29 novembre 1596, à *Jean de Monchy*, seigneur de Montcavrel, gouverneur d'Ardres et d'Etaples ;

E. Madeleine de Bourbon-Vendôme, alliée à *Jean, seigneur de Gonnelieu*, vicomte de Pernant et d'Autrêches, le 6 novembre 1593 ;

F. Jeanne de Bourbon-Vendôme, abbesse de Saint-Etienne de Reims ;

G. Marguerite de Bourbon-Vendôme, religieuse à l'abbaye du Trésor, en Vexin.

3° Jean de Bourbon-Vendôme, abbé de Cuissy, au diocèse de Laon, y mourut, le 9 novembre 1571, et y fut enterré ;

4° Jacques de Bourbon-Vendôme, grand archidiacre de Rouen ;

5° Catherine de Bourbon-Vendôme, femme de *Jean d'Estrées*, seigneur de Cœuvres, grand-maître de l'artillerie ;

6° Jeanne de Bourbon-Vendôme, abbesse de Saint-Etienne de Reims ;

7° Madeleine de Bourbon-Vendôme, abbesse de Saint-Etienne de Reims après sa sœur, morte le 25 août 1588 et inhumée dans l'église de Notre-Dame de Soissons.

2. Claude de Bourbon-Vendôme, seigneur de Ligny, gouverneur de Doullens, mort en 1595, âgé d'environ quatre-vingts ans, et inhumé dans l'église de Notre-Dame du Châtel, à Abbeville. — Il avait épousé, le 20 juin 1542, *Antoinette de Bours,* vicomtesse de Lambercourt, dame de Saint-Michel, fille de Claude de Bours, seigneur d'Onival, et de Jeanne de Vaudricourt, dont :

1° Antoine de Bourbon-Vendôme, vicomte de Lambercourt, seigneur de Ligny, guidon de la compagnie de cinquante lances des ordonnances du comte de Chaulnes, en 1568 et 1570, gouverneur de Doullens, tué en duel à Paris, en 1594, sans alliance ;

2° Claude de Bourbon-Vendôme, dame de Lambercourt, mariée le 24 juin 1571 à *Jean de Rambures,* seigneur dudit lieu, Dompierre-sur-Authie, Drucat et Hornoy, chevalier de l'Ordre du Roi, capitaine de cinquante hommes d'armes ; morte en 1620, et inhumée à Lambercourt ;

3° Anne de Bourbon-Vendôme, dame de Ligny, femme de *Claude de Créquy,* seigneur de Hémond.

Fils naturel.

4° Jacques, bâtard de Bourbon-Vendôme, seigneur de Ligny et Courcelles, né de N... de Courcelles, dame dudit lieu ; mort en

1632, allié : 1° à *Marie de Bommy*, fille de Philippe de Bommy, seigneur de Williameville, Vaux, Zaleux, Fontaine, Grimontmesnil et Esneval, lieutenant au régiment de Rambures, et de Charlotte du Héron ; 2° à *Louise de Gouy*, fille de Jacques de Gouy, chevalier, seigneur de Cournehaut, et de Marguerite de La Chaussée ; de cette dernière naquirent :

A. François-Claude de Bourbon-Vendôme, appelé Monsieur de Bourbon-Vendôme, chevalier, seigneur de Lévigny, major de la ville de Doullens ; il partagea avec son frère François la succession de leur père, le 14 janvier 1644. Il avait épousé *Louise de Belleval*, fille de Paul de Belleval, écuyer, seigneur de Belleval en Vimeu et de La Neuville, maréchal héréditaire de Ponthieu, et de Barbe du Hamel. Il fit son testament le 3 septembre 1658, devant Semichon, notaire à Aumale, et, comme il n'avait pas d'enfants, il légua la plus grande partie de ses biens, et notamment son fief de Courcelles, au neveu de sa femme, François de Belleval, chevalier, seigneur de Bois-Robin, La Neuville et Aigneville, co-seigneur de la ville d'Aumale, en exprimant le vœu formel que ledit de Belleval relèverait, pour lui et ses descendants, les armes de Bourbon-Vendôme. Les causes de ces libéralités étaient que le père de celui-ci, François de Belleval, marquis de Longuemort, condamné à mort pour avoir tué en duel un gentilhomme italien de la suite du cardinal Mazarin, et décapité en effigie en 1649, s'était enfui en Flandres où il était devenu mestre-de-camp d'un régiment de cavalerie allemande au service de l'Espagne, et gentilhomme de la chambre de Don Juan d'Autriche, gouverneur des Pays-Bas. Tous ses biens avaient été confisqués et son manoir fortifié de Belleval en Vimeu avait été démantelé. M. de Bourbon-Vendôme avait voulu dédommager le fils de la mauvaise fortune que lui léguait son père;

B. François de Bourbon-Vendôme, seigneur de Brétencourt et d'Abrancourt, capitaine au régiment de Saint-Preuil, infanterie, en 1642. Il était connu sous le nom de M. de Brétencourt; étant assigné pour sa noblesse, en 1667, il produisit devant l'intendant de Picardie, afin de couvrir la bâtardise de son père, de faux titres en vertu desquels il se disait issu de Jean de Vendôme, seigneur de Treffontaines, vivant en 1529, dont il portait les armes qui étaient celles de Vendôme, et non pas de Bourbon : quoique cette indigne supercherie ait été découverte et réfutée par le procureur du Roi, le 1er août 1667, le 3 août, l'intendant ne laissa pas que de les approuver et de les confirmer. Il avait épousé, le 18 février 1649, *Jacqueline Tillette d'Achery*, et en eut un fils dont on ignore le nom et la destinée. Devenu veuf, il épousa sa servante dont il eut deux filles, l'une desquelles épousa le *sieur des Lyons*, et l'autre *M. de Fortel des Essarts*, et deux fils que l'on croit être passés en Espagne ;

C. Charles de Bourbon-Vendôme, lieutenant de cavalerie en 1644 ;

D. Marguerite de Bourbon-Vendôme, femme de *Jacques de Monchy*, écuyer, seigneur de Lamberval. Elle était morte, ainsi que son frère Charles, avant 1658 ;

E. Marie-Gabrielle de Bourbon-Vendôme, morte en 1629 ;

F. Antoinette de Bourbon-Vendôme, mariée, en 1626, à *Alexandre de Touzin*, chevau-léger de la garde du Roi, dont elle était veuve en 1658.

CHAPITRE XXI

MAISON ROYALE DE BOURBON *(suite)*

LA FAMILLE ROYALE

(*Issue d'Antoine de Bourbon, roi de Navarre, duc de Vendôme, fils aîné de Charles de Bourbon, duc de Vendôme, et de Françoise d'Alençon.*)

§ I.

Enfant naturel d'Antoine de Bourbon, roi de Navarre.

Charles, bâtard de Bourbon, évêque de Comminges, de Lectoure et de Soissons, archevêque de Rouen, commandeur du Saint-Esprit, né de Louise de La Béraudière, demoiselle de Rouët, fille d'honneur de la Reine, fille de Louis de La Béraudière, seigneur de l'île-Rouët, en Poitou, et de Madeleine du Fou du Vigean, suivit de bonne heure le parti des armes, et, à peine âgé de quinze ans, fut fait prisonnier à la bataille de Jarnac ; évêque de Lectoure en 1590, archevêque de Rouen le 5 novembre 1594, échangea ce siège contre l'abbaye de Marmoutiers, où il mourut en 1610.

§ 2.

Enfants naturels de Henri IV.

1° Une fille, mort-née à Nérac, en 1581. La mère était Françoise de Montmorency, fille de Pierre de Montmorency, marquis de Thury, baron de Fosseuse; c'était une des filles d'honneus de la reine Marguerite de Navarre. Elle était née vers 1564. Devenue, en 1580, la maîtresse de Henri, celui-ci la quitta après la naissance de sa fille, car, en 1582, elle épousait François de Broc, baron de Saint-Mars.

2° Un fils naturel, qui mourut le 20 novembre 1588. Le 30 novembre suivant, Henri écrivait à Diane d'Audouins, comtesse de Guiche, dite la belle Corisande : « Je suis fort affligé de la perte de mon petit, qui mourut hier; à vostre advis, ce que ce seroit d'un légitime? Il commençoit à parler. » Ce texte prouve nettement que Corisande n'était pas la mère. Mais Diane d'Audouins n'en fut pas moins une des plus célèbres maîtresses du Béarnais. Ce fut à ses pieds qu'il courut déposer les drapeaux conquis à Coutras, le 20 octobre 1587, rendant ainsi stérile cette éclatante victoire. Née vers 1554, Diane mourut en 1620. Elle avait épousé, en 1567, Philibert de Gramont, comte de Guiche, dont elle devint veuve en 1580. Elle était fille unique de Paul d'Audouins, vicomte de Louvigny.

Enfants naturels de Henri IV, roi de France, et de la duchesse de Beaufort.

Gabrielle d'Estrées, fille d'Antoine d'Estrées, marquis de Cœuvres, grand maître de l'artillerie de France, et de Françoise Babou de La Bourdaisière. Née vers 1571, *morte à Paris, au doyenné de Saint-Germain, le* 10 *avril* 1599, *après avoir mis au monde, la veille, un enfant mort; mariée, en* 1591, *à Nicolas d'Amerval, chevalier, baron de Benais, seigneur de Liancourt et Sérifontaine, chevalier de l'ordre du Roi, gentilhomme ordinaire de sa chambre, enseigne de cinquante hommes d'armes des ordonnances, gouverneur et bailli de Chauny. C'était Henri IV qui avait ordonné ce mariage pour donner un état civil à sa maîtresse; aussi, personne ne fut-il dupe lorsque cette union fut cassée, le* 7 *janvier* 1593, pour cause d'impuissance du mari. *Créée marquise de Verneuil en* 1595, *puis duchesse de Beaufort le* 10 *juillet* 1597, *Henri IV, malgré une résistance très vive de la part de ses ministres, et surtout de Sully, songeait à l'épouser quand elle mourut dans la nuit du Vendredi au Samedi Saint. On crut qu'elle avait été empoisonnée. Ce qu'il y a de certain c'est que, après le premier moment de douleur, Henri IV se consola promptement.*

3° César, duc de Vendôme, dont la branche suivra plus loin (chapitre XXVI);

4° Alexandre de Bourbon, chevalier de Vendôme. Légitimé par lettres d'avril 1599; reçu chevalier de Malte le 1er février 1604; prieur de Marmoutiers en 1610; grand-prieur de France et général des galères de Malte. Enfermé au château de Vincennes, le 3 juin 1626, il y mourut le 8 février 1629. — Né à Nantes, le 19 avril 1598, inhumé à Vendôme, dans l'église des Pères de l'Oratoire. — Nous parlerons de lui au chapitre XXVI, à l'occasion de son frère.

Il porta pour armes : *De France, au bâton de gueules péri en bande, chargé de trois lionceaux d'argent, à la cotice de gueules en barre, brochante, au chef de gueules à la croix d'argent, qui est de la Religion, c'est-à-dire de Malte.*

5° Catherine-Henriette de Bourbon, Mademoiselle de Vendôme, née également de Gabrielle d'Estrées, à Rouen, le 11 novembre 1596; légitimée en mars 1597; mariée, le 20 janvier 1619, à *Charles de Lorraine, duc d'Elbeuf*, morte à Paris, le 20 juin 1663. — Mêmes armes que le précédent, c'est-à-dire les pleines armes de Bourbon-Vendôme.

(Tous les autres enfants naturels de Henri IV, autres que les trois qui précèdent, ont porté pour armoiries les suivantes : *De France, au bâton de gueules péri en barre.*)

Enfants naturels de Henri IV et de la marquise de Verneuil.

Catherine-Henriette de Balzac d'Entragues, fille de François de Balzac d'Entragues, chevalier des ordres du Roi, gouverneur d'Orléans, et de Marie Touchet, qui avait été la maîtresse de Charles IX, dont elle avait eu Charles de Valois, duc d'Angoulême et comte d'Auvergne. Henri IV s'était laissé arracher par elle une promesse écrite de mariage, mais, fort heureusement pour le Roi, François de Balzac s'était laissé entraîner dans une conspiration contre lui; Henri lui octroya sa grâce en échange du précieux papier. Catherine-Henriette fut créée marquise de Verneuil en 1599, *et ce titre fut assis sur la seigneurie de Verneuil, près Creil (Oise), où Henri IV fit édifier, ou plutôt terminer pour sa maîtresse, un château princier dont il ne reste plus que le souvenir.*

6° Un premier enfant dont elle accoucha à Saint-Germain, en juillet 1604.

7° Henri de Bourbon, duc de Verneuil, gouverneur de Languedoc, chevalier des ordres du Roi, né au château de Verneuil, le 3 novembre 1601. Baptisé dans la chapelle du château de Saint-Germain, le 9 décembre 1607, tenu par le Dauphin et par Madame Elisabeth, sa sœur. — Légitimé de France en 1603, mort au château de Verneuil, près Creil (Oise), le 28 mai 1682, inhumé aux Carmélites de Pontoise, et son cœur dans l'abbaye de Saint-Germain-des-Prés. Il avait épousé à Paris, le 29 octobre 1668, *Charlotte Séguier*, veuve de Maximilien-François de Béthune, duc de Sully, et fille de Pierre Séguier, chancelier de France. Elle mourut à Paris, le 5 juin 1704, âgée de quatre-vingt-deux ans. Saint-Simon dit qu'elle figurait à la table de Louis XIV, dans les festins de noces, et qu'elle devint ainsi, après la mort de son mari, princesse du sang, sans l'avoir demandé et sans s'en douter. Quant au duc de Verneuil « d'un naturel doux, affable, civil au dernier point, qui avoit de l'étude et beaucoup de connaissance de l'histoire et de l'antiquité, qui étoit curieux entre autres de médailles antiques et en avoit un beau cabinet, il vivoit avec éclat, aimoit passionnément la chasse, avoit à ce sujet une fort belle écurie, et faisoit grande chère et bon accueil à ses hôtes.

Comme sa maison et terre de Verneuil n'étoit qu'à deux lieues de Chantilly, maison et retraite, comme il a été dit, du feu prince de Condé, ils se voyoient fort souvent et familièrement ensemble. » *(Relation de la Cour de France en 1690,* par Ezéchias Spanheim, envoyé extraordinaire de Brandebourg). — Ils n'eurent pas d'enfants.

8° Gabrielle-Angélique de Bourbon, Mademoiselle de Verneuil, née à Paris le 21 janvier 1603 ; baptisée à Saint-Germain-en-Laye, et tenue par César, duc de Vendôme, et Mademoiselle de Vendôme, sa sœur, le 9 décembre 1607 ; morte à Metz, le 29 avril 1627, et inhumée à Cadillac. — Mariée à Lyon, le 12 décembre 1622, à *Bernard de La Valette,* duc d'Epernon, Foix, Candale, gouverneur et lieutenant-général pour le Roi en Guyenne, colonel-général de l'infanterie française, fils de Jean-Louis de La Valette, duc d'Epernon, et de Marguerite de Foix et de Candale.

Enfant naturel de Henri IV et de la comtesse de Moret.

Jacqueline de Bueil, fille de Claude de Bueil, seigneur de Courcillon, et de Catherine de Montecler. Née vers 1580, *mariée « en figure »,* *comme dit Tallemant des Réaux, en octobre*

1604, à Philippe de Harlay, comte de Césy, à condition qu'elle ne serait sa femme que de nom. Ce mariage fut cassé en 1607, moyennant 30,000 écus que Henri IV donna à Harlay. Elle se remaria en 1617, à René du Bec, marquis de Vardes, et mourut en octobre 1651. Le Roi l'avait créée comtesse de Moret en 1604.

9° Antoine de Bourbon, comte de Moret, né au château de Moret, le 9 mai 1607. Légitimé de France, en janvier 1608, tué d'un coup de mousquet à la bataille de Castelnaudary, le 1er septembre 1632, sans alliance. — Il avait été destiné par Louis XIII à l'état ecclésiastique, et pourvu de riches bénéfices ; mais il se jeta dans toutes les intrigues qui avaient pour but le renversement du cardinal de Richelieu. Ayant servi Gaston d'Orléans hors de France, en 1631, il fut déclaré coupable du crime de lèse-majesté, revint en France avec le prince, et, au combat de Castelnaudary, qui termina cette levée de boucliers fatale au duc de Montmorency, il tomba frappé d'une balle. Ceci est plus que probable, mais, enfin, le point n'a jamais été suffisamment éclairci. Ce qui est constant, c'est que le lieu de sa sépulture est toujours demeuré inconnu, chose assez extraordinaire pour quelqu'un qui touchait de si près au Roi ; et, ce qui n'est pas moins certain, c'est que, en 1689, vivait sur le territoire de l'abbaye d'Asnières en Anjou, où il était établi depuis 1676, un ermite, du nom de Jean-Baptiste, que la voix publique prétendait être le comte de Moret, et qui ne voulait ni démentir ni certifier ce bruit. (Vie d'un solitaire inconnu, par J. Grandet, 1699, in-12.)

Enfants naturels de Henri IV et de la comtesse de Romorantin.

Charlotte des Essars, fille de François des Essars, seigneur de Sautour, écuyer d'écurie du Roi, et de Charlotte de Harlay-Chanvallon. Née vers 1580, *morte à Paris le* 11 *juillet* 1651. *Créée comtesse de Romorantin. Après la mort du Roi, elle fut la maîtresse de Louis de Lorraine, cardinal de Guise, archevêque de Reims, qu'elle prétendit avoir épousé et dont elle eut cinq enfants. Elle épousa, le* 11 *novembre* 1630, *François du Hallier, dit le maréchal de l'Hospital, maréchal de France.*

10° Jeanne-Baptiste de Bourbon, abbesse de Fontevrault, née avant le 11 janvier 1608. Légitimée de France en mars 1608; morte à Fontevrault, le 16 janvier 1670, et y fut inhumée.

11° Marie-Henriette de Bourbon, abbesse de Chelles en 1627; y mourut le 10 février 1629 et y fut inhumée dans l'église.

§ 3.

Enfants naturels de Gaston, duc d'Orléans, troisième fils de Henri IV, non légitimés.

1° Louis, bâtard d'Orléans, comte de Charny, gouverneur d'Oran, né à Tours, de Louise Roger de la Marbelière, en 1638. Il entra au service de l'Espagne, et y devint général. Il mourut en Espagne, en 1692, laissant un fils naturel :

A. Louis, bâtard d'Orléans, comte de Charny, puis duc de Castellemare en 1736, grand d'Espagne de première classe en 1740, gouverneur de Jacca, puis de Ceuta, lieutenant général du royaume de Naples en 1734, commandeur de l'ordre de Calatrava et chevalier de l'ordre de Saint Janvier ; mort à Naples, le 14 mai 1740, âgé d'environ soixante ans ; sans enfants de ses deux femmes, N..., comtesse de Charny, et N..., fille du prince della Scala Spinelli, épousée le 2 février 1739.

2° Marie, bâtarde d'Orléans, née à Paris, de Marie Porcher, le 1er janvier 1631, baptisée le 5 à Saint-Sulpice.

§ 4.

Enfants naturels de Louis XIV.

1° Saint-Simon affirme que le premier enfant naturel de Louis XIV fut une fille qu'il eut de la fille d'un jardinier de Versailles, vers 1660, et qu'on la maria à *M. de la Queue,* maréchal de camp.

Enfants naturels de Louis XIV et de la duchesse de La Vallière.

Louise-Françoise de La Baume-le-Blanc, fille de Laurent de La Baume-le-Blanc, seigneur de La Vallière, lieutenant pour le Roi des ville et château d'Amboise, et de Françoise Le Prévost, appartenant à une famille de petite noblesse, non titrée; née à Tours en 1644, elle mourut à Paris le 6 juin 1710. Elle était fille d'honneur d'Henriette d'Angleterre, quand elle devint la maîtresse du Roi, qui lui avait inspiré une profonde passion. L'amour de Louis XIV pour elle dura peu, et elle ne tarda pas à être remplacée par Mme de Montespan, qui l'abreuva de dégoûts. Une première fois, elle s'enfuit aux Bénédictines de Saint-Cloud, mais elle fut ramenée à la cour, où tout le monde avait pitié d'elle. Une seconde fois, en février 1671, elle entra au couvent de Sainte-Marie de Chaillot, d'où Colbert vint la faire sortir par ordre du Roi : étrange mission pour le grand et austère ministre. Enfin, au mois d'avril 1674, elle prit publiquement congé du Roi et entra aux Carmélites du faubourg Saint-Jacques, à Paris, où, le 3 juin 1675, elle fit profession sous le nom de sœur Louise de la Miséricorde. Pendant trente-six ans, elle s'y livra aux pratiques les plus rigoureuses, pleurant ses fautes comme Mme de Montespan, chassée à son tour, devait pleurer sa disgrâce. Louis XIV avait érigé pour elle, en mai 1667, en duché-pairie, sous le nom de La Vallière, la châtellenie de La Vallière et la seigneurie de Vaujours, qu'il érigea à nouveau au profit du neveu de son ancienne maîtresse. On a d'elle des lettres, 1667, in-12, et des Réflexions sur la miséricorde de Dieu, 1680, *in-12, souvent réimprimées. Voici le portrait que trace d'elle Ezéchias Spanheim, envoyé extraordinaire de Brandebourg, dans son très curieux livre :* Relation de la Cour de France, 1690 : *« Mlle de La Vallière, fille d'honneur de feue Mme la duchesse d'Orléans, avec une naissance et une beauté médiocre, et un esprit assez borné, sut inspirer au Roi la plus forte inclination dont il a été capable. Elle sut l'y engager et l'y retenir par un air tendre et réfléchi, par une délica-*

tesse particulière d'honneur et de sentiment, par le combat d'une pudeur qui lui était naturelle et d'une véritable et sensible inclination dont elle se trouva fortement prévenue pour la personne du Roi ». (p. 12-13.)

2° Charles, né à Paris à l'hôtel de Brion, le 19 décembre 1663 ; dans l'acte de baptême, il fut déclaré fils de M. de Lincourt, et de demoiselle Elisabeth Dubeux. Il mourut jeune ;

3° Philippe, né à Paris à l'hôtel de Brion, le 7 janvier 1665 ; dans son acte de baptême, il fut déclaré fils de François Dersy, bourgeois, et de Madeleine Bernard, sa femme. Il mourut enfant ;

4° Louis, né à Paris le 27 décembre 1663, mort le 15 juillet 1666, et inhumé à Saint-Eustache. Non légitimé ;

5° Une fille, morte enfant ;

6° Louis de Bourbon, comte de Vermandois, amiral de France, né au vieux château de Saint-Germain, le 2 octobre 1667 ; légitimé de France, le 20 février 1669 ; mort d'une fièvre maligne à Courtrai, pendant sa première campagne, le 18 novembre 1683, inhumé le 26 dans le chœur de la cathédrale d'Arras. Courtrai, ville et citadelle, venaient d'être prises par le maréchal d'Humières, les 4 et 6 novembre précédents. La Grande Mademoiselle, dans ses Mémoires, dit qu'il mourut d'un excès d'eau-de-vie. — Sans alliance ;

7° Marie-Anne de Bourbon, duchesse de La Vallière, appelée Mademoiselle de Blois, née au château de Vincennes, le 2 octobre 1666, légitimée de France en mars 1667, par lettres vérifiées au Parlement le 14 mai suivant; mariée le 16 janvier 1680 à *Louis-Armand de Bourbon,* prince de Conty; morte à Paris, le 3 mai 1739, et inhumée dans l'église de Saint-Roch. Dans ses Mémoires, Louis XIV dit à propos de Mlle de Blois et de sa mère : « Avant que de partir pour l'armée, j'envoyai un édit au Parlement. J'érigeois en duché la terre de Vaujours en faveur de Mademoiselle de La Vallière, et je reconnoissois une fille que j'avois eue d'elle; car, n'étant pas résolu d'aller à l'armée pour y demeurer éloigné de tous les périls, je crus qu'il était juste d'assurer à cette enfant l'honneur (??) de sa naissance et de donner à la mère un établissement convenable à l'affection que j'avois pour elle depuis six ans ».

Enfants naturels de Louis XIV et de la marquise de Montespan.

Françoise-Athénaïs de Rochechouart, marquise de Montespan, fille de Gabriel de Rochechouart, duc de Mortemart, et mariée en 1663 à Henri-Louis de Pardaillan de Gondrin, marquis de Montespan. — Née en 1641 au château de Tonnay-

Charente, morte le 28 mai 1707 à Bourbon-l'Archambault. Elle fut d'abord dame du palais de la Reine. En 1668, elle devint la maîtresse du Roi, qui n'en continua pas moins, pendant quelques années encore, ses relations avec Mlle de La Vallière. Rompue une première fois, à l'occasion du jubilé de 1676, leur liaison, qui avait résisté à de nombreuses infidélités du Roi, fut définitivement brisée après la mort de la Reine (1683), *et lorsque Mme de Maintenon eut pris sur le Roi un ascendant irrésistible. Maltraitée par celle-ci et par son propre fils, le duc du Maine, elle ne se décida à quitter la cour qu'en* 1691. *« L'amour du Roi pour cette dame, dura plus longtemps dans toute sa force que celle pour la duchesse de La Vallière ; ce à quoi elle contribua autant par les charmes de son esprit, de son entretien, que par ceux de sa beauté ; et comme la vie et le ressentiment du mari contre sa* deffunte femme, *comme il l'appeloit, et dont il en prit le deuil, aussi bien que son chagrin contre la cour, faisoit un obstacle à la déclarer duchesse, le Roi trouva moyen de la contenter, d'ailleurs, par la grande et belle charge qu'il lui donna de surintendante de la maison de la Reine. Mais, comme tous les attraits de la beauté et de l'esprit de cette maîtresse se trouvaient accompagnés d'une humeur fière, impérieuse, pleine d'artifice et capable d'emportement, aussi* *s'accoutuma-t-elle insensiblement à la faire ressentir au Roi, à lui faire de sanglants reproches, et par là, ou par autre dégoût, ou par inconstance, ou par remords secrets d'un tel attachement, contribua-t-elle elle-même à affaiblir peu à peu l'inclination du Roi pour elle, et à le rendre susceptible d'autres impressions ».* (Relation de la Cour de France, en 1690, *par Ezéchias Spanheim, envoyé extraordinaire de Brandebourg.)*

8° N..., né en 1669, mort jeune ;

9° Louis-Auguste de Bourbon, duc du Maine, dont la postérité sera rapportée plus loin (chapitre XXVII) ;

10° Louis-César de Bourbon, comte du Vexin, abbé de Saint-Denis et de Saint-Germain-des-Prés, né au Génitoy, près de Lagny, le 29 juin 1672 ; légitimé de France, le 20 décembre 1673 ; mort à Paris, le 10 janvier 1683, inhumé dans le chœur de l'église Saint-Germain-des-Prés ;

11° Louis-Alexandre de Bourbon, comte de Toulouse, auteur de la branche des Bourbon-Toulouse, rapportée plus loin (chapitre XXVIII) ;

12° N... fille, née en 1669, morte âgée de trois ans ;

13° Louise-Françoise de Bourbon, *Mademoiselle de Nantes,* née à Tournay, le 1er juin 1673, baptisée à Saint-Sulpice le 18 décembre suivant; légitimée de France le 20 décembre 1673, mariée à Versailles, le 24 juillet 1685 à *Louis III, duc de Bourbon*. Elle avait donc treize ans, quand on la maria : « Elle n'avait pas laissé de briller dans la Cour de France et d'y paraître fort aimable pour son air vif et ouvert, des manières libres et aisées, une humeur enjouée et qui aime la danse... elle eut seulement le malheur de voir, en quelque sorte, diminuer les beaux traits du visage et du teint par la petite vérole, dont elle se trouve atteinte l'année même de son mariage, et par des marques assez visibles qu'elle lui en a laissées. » (Ezéchias Spanheim, *Relation de la Cour de France, en 1690*). — Morte à Paris, au Palais-Bourbon, le 16 juin 1743 ; inhumée aux Carmélites du faubourg-Saint-Jacques ;

14° Louise-Marie-Anne de Bourbon, *Mademoiselle de Tours,* née et baptisée à Saint-Germain, le 18 novembre 1674, tenue par Nicolas le Grand, pauvre homme, et Anne Dupont, femme de Louis Delespine ; légitimée de France en janvier 1676, morte le 15 septembre 1681 aux eaux de Bourbon, inhumée au prieuré de Souvigny. Dans les lettres de légitimation, la formule est ainsi conçue : « La tendresse que la nature nous donne pour nos enfants nous obligeant de reconnaître Louise-Marie-

Anne, notre fille naturelle, et de lui donner des marques publiques de cette reconnaissance pour assurer son état, nous avons estimé nécessaire d'expédier à cet effet nos lettres patentes, pour déclarer notre volonté et à quoi nous nous portons d'autant plus volontiers que nous y sommes excité par les bonnes qualités qui commencent à paraître dans les premiers mouvements de son enfance, et que nous avons lieu d'espérer qu'elle répondra à la grandeur de sa naissance et aux soins que nous ferons prendre de son éducation » ;

15° Françoise-Marie de Bourbon, *Mademoiselle de Blois,* née au château de Maintenon, le 9 février 1677, légitimée de France en novembre 1681, mariée à Versailles, le 18 février 1692, à *Philippe d'Orléans, duc de Chartres,* depuis duc d'Orléans et régent de France; morte à Paris, le 1er février 1749, inhumée dans l'église de la Madeleine du Tresnel, et son cœur au Val-de-Grâce. « Elle ne manque pas d'agrément du visage et de taille, » (Ezéchias Spanheim, *Relation de la Cour de France, en 1690).* Tout le monde a lu, dans Saint-Simon, l'histoire de son mariage avec le duc de Chartres et le récit de la fureur de la duchesse d'Orléans, la grosse allemande, qui avait la plume si alerte et si peu chaste. Mme de Caylus, dans ses *Souvenirs,* dit à propos de ce mariage que Louis XIV imposa :

« Je me souviens qu'on disoit que M. le duc de Chartres étoit amoureux de Mme la Duchesse. J'en dis un mot en badinant à Mlle de Blois, et elle me répondit avec son ton de lendore : — Je ne me soucie pas qu'il m'aime, je me soucie qu'il m'épouse. — Elle a ce contentement. » Contrairement à ce que dit Spanheim, Mme de Caylus ajoute, « la princesse sembloit être contrefaite ; elle étoit d'un aspect très désagréable, avec des joues énormes » ;

16° N..., fils, *né de Marie-Angélique de Scorailles de Roussille, duchesse de Fontanges, mort en* 1681, *peu après sa mère. Celle-ci était fille du comte de Scorailles (ou d'Escorailles) de Roussille, « gentilhomme considérable d'Auvergne, laquelle vint à la cour dans l'année* 1679, *en qualité d'une des filles d'honneur de Madame, et avec le dessein formé et les espérances,* fomentées même par ceux de sa famille, *de faire du Roi son amant. Sa jeunesse, sa beauté fort au-dessus de tout ce qu'on avait vu depuis longtemps à Versailles, accompagnée d'une taille, d'un port et d'un air capable de surprendre et de charmer une cour aussi galante, quoique d'ailleurs avec un esprit médiocre et qui tenait encore d'une véritable provinciale, produisit bientôt tout l'effet qu'elle s'était promis. Sa complaisance fut bientôt récompensée du rang et de la qualité de duchesse,* qu'elle avait mis dans son marché »... *Mais son règne fut de peu de durée, ayant été enlevée au monde, à la cour et à sa faveur, en* 1681, *par une fâcheuse maladie qui lui resta de sa première couche, et qu'un bruit assez public, quoique peut-être sans fondement, attribua à un breuvage qui lui aurait été donné par les ordres secrets de Madame de Montespan.* » (Ezéchias Spanheim, *Relation de la Cour de France, en* 1690.) — Elle mourut le 28 juin 1681, au monastère de Port-Royal.

Tous les enfants naturels de Louis XIV, *légitimés de France,* portaient pour armes : *de France, au bâton de gueules péri en barre.*

§ 5.

Enfant naturel de Louis de France, grand dauphin, fils aîné de Louis XIV.

Mademoiselle de Fleury, née de Mademoiselle Raisin, comédienne, de son vrai nom Françoise Potel, femme Siret-Raisin, née en 1661 ou 1662, morte à La Devoisyère, près de Falaise, le 30 septembre 1721. Elle ne fut pas reconnue : elle fut mariée, en juin 1715, à *M. Dubois d'Avaucourt,* et mourut en août 1716, près de Tours. Dans le *Journal de P. Narbonne,* p. 13, on lit ceci : « Monseigneur (c'est le nom qu'il portait), a eu plusieurs maîtresses, entre autres la comtesse du Roure et quelques autres d'une naissance moins élevée, dont lui sont nés plusieurs enfants qui n'ont point été reconnus, et qui sont restés dans l'obscurité, quoique issus d'un si grand prince. »

Enfant naturel de Charles de France, duc de Berry, troisième fils du grand Dauphin, qui précède.

Il eut un enfant naturel d'une femme de chambre de la duchesse de Berry, sa femme : il la maria un an avant sa mort, mais avec la condition que le mari n'aurait aucun rapport avec sa femme. Elle accoucha après la mort du duc de Berry, décédé le 4 mai 1614, « et Madame de Berry, qui n'était pas du tout jalouse, prit soin de la mère et de l'enfant. » (*Lettres de la princesse Palatine,* grand'mère du duc de Berry). On ne sait rien de plus sur la destinée de cet enfant.

§ 6.

Enfants naturels de Louis XV.

1° Louis-Aimé, appelé l'abbé de Bourbon, né le 13 janvier 1762, de demoiselle Anne Couppier de Romans : Son acte de baptême, en date du lendemain, porte « fils de *Louis Bourbon*, et de demoiselle Anne Couppier de Romans, dame de Meilly-Coulange, demeurant à Passy. » Il mourut à Naples, le 18 février 1787. Il fut le seul des enfants de Louis XV à qui, par son acte de naissance, il ait été permis de revendiquer son origine. Mais, néanmoins, il ne fut jamais légitimé. Sa mère épousa plus tard un M. de Cavanac ;

2° M. de Bourbon-Créquy, cité dans la correspondance secrète inédite, publiée par M. de Lescure, t. II, p. 560. — En 1791, Louis XVI ne peut lui payer sa pension. — Il était sans doute né d'une dame ou d'une demoiselle de Créquy ;

3° Benoist le Duc, abbé de Saint-Martin de Paris (cité par M. Dussieux, dans son *Hist. généal. de la Maison de Bourbon*, p. 108, mais sans indication de source) ;

4° Emmanuel-Jean-Marie Langlois de Villepaille, écuyer cavalcadour du Roi. Même observation que pour le précédent ;

5° D'Orvigny, comédien et auteur, né à Versailles en 1743, baptisé à Saint-Germain-l'Auxerrois, le 22 avril 1743, mort à Paris, le 4 janvier 1812. — Cité également par Dussieux. — On dit que sa ressemblance avec Louis XV était prodigieuse ;

6° N..., née le 10 juillet 1754 de Mademoiselle O'Murphy, dite Morphise, fille de Daniel O'Murphy, irlandais, officier dans l'armée française. Mlle O'Murphy, née à Fresnes, en 1737, épousa ensuite : 1° le 24 novembre 1755, Jacques de Beaufranchet, seigneur d'Ayat, capitaine d'infanterie, tué à Forbach, en 1757 ; 2° François-Nicolas Le Normand, seigneur de Flaghac, maître d'hôtel du comte d'Artois, et enfin le conventionnel et régicide André Dumont, qui divorça avec elle. Elle mourut à Paris en 1814.

7° Mademoiselle de Saint-André, née de mademoiselle de Vaumartel, et mariée au *marquis de la Tour-du-Pin-la-Charce ;*

8° On donne encore au roi Louis XV quelques enfants naturels, mais ces allégations ne reposent sur aucunes preuves, elles sont issues de pamphlets contemporains. En tous cas, Louis XV n'affichait pas ses enfants comme le roi Louis XIV qui, mettant de la grandeur en toutes choses, et jetant un véritable défi à l'opinion publique, légitimait tous ses bâtards, leur donnant une situation princière, tandis que Louis XV, l'amant de maîtresses inconnues, laissait à la charge de leurs mères, et sous des noms de fantaisie, ceux et celles qui avaient eu le malheur de lui devoir le jour. Il faut cependant signaler encore Charles-Emmanuel-Marie-Madelon de Vintimille, marquis du Luc, né le 5 septembre 1741, pendant le mariage de Pauline-Félicité de Mailly, appelée Mademoiselle de Nesles, et de Jean-Baptiste-Félix-Hubert, comte de Vintimille. Sa ressemblance avec Louis XV l'avait fait surnommer le *demi-Louis*. Le comte de Vintimille, d'ailleurs, déclara publiquement que celui qui portait son nom était le fils du Roi.

Enfants naturels de Charles-Ferdinand de France, duc de Berry, deuxième fils de Charles X.

1° Charlotte-Marie-Augustine de Bourbon, comtesse d'Issoudun (par création du 10 juin 1820), né à Londres d'Amy Brown, le 13 juillet 1808; mariée le 8 octobre 1823 à *Ferdinand-Victor-Amédée de Faucigny, prince de Lucinge;*

2° Louise-Marie-Charlotte de Bourbon, comtesse de Vierzon (par création du 19 décembre 1809), née à Londres d'Amy Brown, le 19 décembre 1809; mariée le 16 juin 1827 à *Charles-Athanase Charette, baron de la Contrie,* pair de France, chef d'escadrons aux chasseurs de la Garde Royale. Elle mourut en 1848.

CHAPITRE XXII

BRANCHE D'ORLÉANS

(Issue de Philippe de France, deuxième fils de Louis XIII.)

§ I.

Enfants naturels de Philippe d'Orléans, duc d'Orléans, régent de France.

1° N..., fille, née vers 1688 de la petite Léonore, fille du concierge du garde-meubles du Palais-Royal, mariée à *M. de Charencey*, fils d'un conseiller à Riom ;

2° Charles de Saint-Albin, bâtard d'Orléans, appelé l'abbé de Saint-Albin et l'abbé d'Orléans, né le 5 avril 1698 de mademoiselle Florence, danseuse à l'Opéra. Il fut baptisé à Saint-Eustache comme fils du sieur Coche, premier valet de chambre du duc d'Orléans, et de madame Coche ; mais il fut légitimé en juillet 1706. Il fut abbé de Saint-Ouen, puis évêque de Laon en

1722, et archevêque de Cambrai en 1723; il mourut à Paris le 9 mai 1764, et fut inhumé sous le chœur de l'église de Saint-Sulpice.

3° Jean-Philippe, bâtard d'Orléans, dit le chevalier d'Orléans, chevalier de Malte, grand-prieur de France le 28 septembre 1719, général des galères, abbé d'Hautvillers, grand d'Espagne de première classe, né à Paris en 1702, de Marie-Louise-Madeleine-Victoire le Bel de la Boissière de Sery, comtesse d'Argenton, fille de Daniel le Bel, seigneur de la Boissière, et d'Anne de Masparaut, légitimé en juillet 1706, mort à Paris, le 16 juin 1748. Celle-ci, née à Rouen vers 1680, mourut le 11 mars 1748. Elle épousa, en 1713, le chevalier de Forbin d'Oppède. D'Amable-Gabrielle de Noailles, femme d'Honoré-Armand, duc de Villars, il avait eu une fille, Amable-Angélique de Villars, qui épousa Guy-Félix Pignatelli, comte d'Egmont. (*Mémoires* du duc de Luynes et de Mme du Hausset.) — Lui et son frères portaient pour armes : *D'Orléans*, c'est-à-dire *d'azur à trois fleurs de lys d'or, au lambel d'argent en chef, brisé d'un bâton d'argent péri en barre ;*

4° Philippe-Angélique de Froissy, née vers 1702 de Christine-Antoinette-Charlotte Desmares, célèbre tragédienne, née à Copenhague en 1682, morte à Saint-Germain-en-Laye, le 12 septembre 1753 ; mademoiselle de Froissy mourut le 15 octobre 1785, et fut inhumée dans l'église Saint-Eustache, à Paris. Elle ne fut ni légitimée ni reconnue. Elle épousa, le 12 septembre 1718, *Henri-François, comte de Ségur,* lieutenant général des armées du Roi.

§ 2.

Enfants naturels de Louis-Philippe Ier, duc d'Orléans.

1° L'abbé Louis-Etienne de Saint-Farre ou Saint-Phar, né en 1750 de mademoiselle le Marquis, dite mademoiselle Marquise, danseuse, appelée ensuite madame de Villemomble ; légitimé par Louis XVIII, autorisé à prendre le titre de comte et les armes de la maison d'Orléans. — Mort le 24 juillet 1825 et inhumé au cimetière du Père-Lachaise ;

2° L'abbé Louis-Philippe de Saint-Albin, frère jumeau du précédent, légitimé comme lui par Louis XVIII, autorisé à prendre le titre de comte et à porter les armes de la maison d'Orléans ; mort à Paris, le 13 juin 1829 ; inhumé au cimetière du Père-Lachaise ;

3° Mademoiselle de Villemomble, née aussi de mademoiselle Marquise ; elle épousa le *comte de Brossard,* maréchal de camp.

Tous trois portaient : *D'Orléans, brisé d'un bâton péri en barre, d'argent.*

CHAPITRE XXIII

PRINCES DE CONDÉ

(*Issus de Louis de Bourbon, prince de Condé, septième fils de Charles de Bourbon, duc de Vendôme.*)

§ 1.

Enfant naturel de François de Bourbon, prince de Conty.

Nicolas, dit de Gramont, prieur de Gramont, bâtard de Conty, abbé de la Couture, au Mans, et de Bassac en Xaintonge ; mort à Paris, le 25 mars 1648; inhumé dans l'abbaye de Saint-Germain-des-Prés.

§ 2.

Enfant naturel de Henri Ier de Bourbon, prince de Condé.

Hélène d'Enghien, abbesse de la Périgne, au Mans ; encore en fonctions en 1626. D'après une inscription que l'on voyait au XVIIIe siècle, dans l'église des Cordeliers du Mans, elle portait pour armes : *De France, au bâton de gueules péri en barre.*

§ 3.

Enfant naturel de Henri-Jules de Bourbon, prince de Condé, duc de Bourbon.

Armes : *De Bourbon-Condé,* c'est-à-dire *d'azur à trois fleurs de lys d'or, au bâton de gueules, péri en bande, au bâton d'argent, péri en barre.*

Julie de Bourbon, née de Françoise-Charlotte, de Montalais, veuve, depuis 1665, de Jean de Bueil, comte de Marans, grand échanson de France, que Mme de Sévigné appelle « la méchante fée Mélusine », et que d'autres représentent comme « folle, médisante, méchante et laide » ; Appelée d'abord mademoiselle de Guénani, anagramme d'Enghien, puis mademoiselle de Châteaubriand. Née en 1668, élevée à Maubuisson, par une tante de Fagon, premier médecin de Louis XIV, puis à l'Abbaye-aux-Bois. « Elle estoit fort jolie et avoit beaucoup d'esprit ». (Saint Simon.) — Mme de Sévigné disait d'elle : « Elle est aimable, sans être belle, douce, envahissante, glorieuse et folle. » Effectivement, elle devint à peu près folle vers la fin de sa vie. Elle fut légitimée en juin 1693, par lettres du Roi données à Namur. La princesse de Condé, elle-même, avait demandé cette légitimation pour pouvoir la faire épouser, le 6 mars 1696, à Armand de Madaillan de Lesparre, marquis de Lassay, lequel, à cause de son château de Montataire, en face de Creil (Oise), était parmi les plus proches voisins et les familiers du prince de Condé. Elle mourut le 10 mars 1710.

§ 4.

Enfants naturels de Charles de Bourbon, comte de Charolais.

1° Marie-Marguerite de Bourbon-Charolais, née de Marguerite Caron de Rancurel, dame de Lassone, le 17 août 1752 et baptisée le 18 à Saint-Roch, à Paris; légitimée en novembre 1769; mariée en 1769, le 16 décembre, à *Denis-Nicolas, comte du Puget,* lieutenant-colonel des grenadiers royaux;

2° Charlotte-Marguerite-Elisabeth de Bourbon-Charolais, née de la même mère, le 1er août 1754; légitimée en novembre 1769; mariée le 5 février 1772 à *François-Xavier-Joseph-Waldemar, comte de Lowendahl,* brigadier des armées du Roi; morte après 1830;

3° N..., fils, né de demoiselle Delisle, danseuse de l'Opéra; il mourut à Versailles, en 1753, âgé de six à huit mois.

Armes : *De Bourbon-Condé,* comme ci-dessus, *à une fleur de lys d'argent sur le bâton, à la barre d'argent périe brochante.*

§ 5.

Enfants naturels de Louis de Bourbon, comte de Clermont.

Deux fils, nés de mademoiselle Leduc, surnommée la marquise de Tourvoie. L'un d'eux, l'abbé Leduc obtint, en novembre 1785, la permission de porter le nom d'abbé de Vendôme.

§ 6.

Enfant naturel de Louis III de Bourbon, prince de Condé.

Louise-Charlotte de Bourbon, mademoiselle de Dampierre, née de madame de Blanchefort, le 19 août 1700, à Paris, et baptisée le jour même à l'église Saint-Sauveur; légitimée en juillet 1726; mariée le 29 août 1726 à *Nicolas-Etienne de Changy, comte de Roussillon,* maréchal de camp; morte à Paris, le 5 octobre 1754; inhumée à Saint-Sulpice le 6.

Armes : *De Bourbon-Condé, brisé d'une barre d'argent.*

§ 7.

Enfant naturel de Louis-Henri de Bourbon, prince de Condé.

Henriette de Bourbon, mademoiselle de Verneuil, née d'Armande-Félicie de la Porte-Mazarin, femme de Louis de Mailly-Nesle, en 1725 ; légitimée en octobre 1739 ; mariée le 16 novembre 1740 à *Jean, comte de la Guiche,* colonel du régiment de Condé cavalerie, depuis lieutenant général des armées du Roi ; mort en 1770.

Mêmes armes que la précédente.

§ 8.

Enfant naturel de Louis-Joseph de Bourbon, prince de Condé.

Madame de Saint-Roman, religieuse de Meaux ; en 1806 au couvent de Breslau, en Silésie. — Le prince de Condé la nomme dans son testament. — Elle ne fut pas légitimée.

§ 9.

Enfants naturels de Louis-Henri-Joseph de Bourbon, dernier prince de Condé.

1° Adélaïde-Charlotte-Louise, née le 10 novembre 1780, de mademoiselle Michelot, mariée à *Patrice-Gabriel de Bernard de Montessus, comte de Rully*, pair de France, premier gentilhomme du prince de Condé;

2° Louise-Charlotte-Aglaé, née le 10 septembre 1782.

Ni l'une ni l'autre ne furent légitimées.

CHAPITRE XXIV

COMTES DE SOISSONS

(Issus de Charles de Bourbon, comte de Soissons, quatrième fils de Louis Ier, prince de Condé.)

§ I.

Filles naturelles de Charles de Bourbon, comte de Soissons et de Dreux.

1° Charlotte, bâtarde de Soissons, née d'Anne-Marie Bohier, fille d'Antoine Bohier, seigneur de la Rochebourdet, et d'Isabelle de Miremont ; religieuse à Fontevrault, le 3 juillet 1603, âgée de sept ans et demi, puis abbesse de Maubuisson-lès-Pontoise ; morte le 28 décembre 1626 ; inhumée dans le chœur de l'église de Maubuisson ;

2° Catherine, bâtarde de Soissons, née de la même mère que la précédente, prit le voile à Fontevrault, le 5 avril 1610, puis fut abbesse de la Périgne, au Mans, et y mourut le 10 décembre 1651.

§ 2.

Fils naturel de Louis de Bourbon, comte de Soissons, tué à la Marfée, et le dernier du nom.

Armes : *De Bourbon-Soissons,* c'est-à-dire *de France à la bordure de gueules, au bâton de gueules péri en barre.*

Louis-Henri de Bourbon-Soissons, comte de Noyers, dit le bâtard de Soissons et le chevalier de Soissons, d'abord chevalier de Malte, puis se maria et prit le nom de prince de Neufchâtel. Né à Sedan, en août 1640, d'Elisabeth des Hayes, veuve de N... la Tour, pasteur protestant, et fille de N... des Hayes, et de N... Couart. Il fut légitimé par lettres de Louis XIV, en décembre 1643; mort à Paris, le 8 février 1703; inhumé dans la Chartreuse de Gaillon, et son cœur dans l'abbaye de Saint-Paul de Beauvais. — Marié le 7 octobre 1694 à *Angélique-Cunégonde de Montmorency-Luxembourg,* fille de François de Montmorency, duc de Luxembourg, et de Madeleine-Bonne-Thérèse de Clermont. — Saint-Simon le traite de « bâtard fort obscur » et ajoute qu'il devint si puissamment riche grâce à la donation que la duchesse de Nemours lui fit de tous ses biens. Ailleurs, Saint-Simon raconte ceci : « Mme de Nemours déterra un vieux bâtard obscur du dernier comte de Soissons, qui avoit l'abbaye de la Couture du Mans (dont les bâtiments servent aujourd'hui de préfecture et de musée), dont il vivoit dans les tavernes. Il n'avoit pas le sens commun, n'avoit jamais servi, ni fréquenté en toute sa vie un homme qu'on put nommer. Elle le fit venir loger chez elle et lui donna tout ce qu'elle pouvoit donner en la meilleure forme, et ce qu'elle pouvoit donner était immense; dès lors, elle le fit appeler le prince de Neufchâtel et chercha à l'appuyer d'un grand mariage. » — D'eux naquirent seulement deux filles :

1° Louise-Léontine-Jacqueline de Bourbon-Soissons, princesse de Neufchâtel et de Valengin, comtesse de Dunois, Chaumont et Noyer, baronne de Lucheux, dame d'Airaines, etc..., appelée mademoiselle de Neufchâtel ; née à Paris, le 24 octobre 1696, baptisée le lendemain à Saint-Eustache ; mariée à Saint-Sulpice, à Paris, le 24 février 1710, à *Charles-Philippe d'Albert, duc de Luynes ;* morte le 11 janvier 1721, inhumée à Saint-Sulpice, chapelle de Luynes ;

2° Marie-Anne-Charlotte de Bourbon-Soissons, mademoiselle d'Estouteville, née le 26 septembre 1701, morte le 23 août 1711, inhumée dans l'abbaye de Saint-Paul-lès-Beauvais.

CHAPITRE XXV

PRINCES DE CONTY

(*Issus d'Armand de Bourbon, deuxième fils de Henri II de Bourbon, prince de Condé.*)

Enfants naturels de Louis-François de Bourbon, prince de Conty.

Armes : *De Bourbon-Conty, de France,* c'est-à-dire *d'azur à trois fleurs de lys d'or, à la bordure de gueules, au bâton de gueules péri en barre.*

1° François-Claude-Fauste de Bourbon, appelé d'abord le marquis de Bourbon-Rémoville, puis le marquis de Bourbon-Conty, par suite des lettres patentes de Louis XVIII, en date du 17 novembre 1815, enregistrées à la cour royale, le 11 décembre suivant, qui le confirmèrent, lui et son frère, dans le droit de porter le nom et les armes de Bourbon-Conty. — Né le 21 mars 1771, mort sans alliance, le 8 juin 1833 ;

2° Marie-François-Félix de Bourbon, appelé d'abord le chevalier de Bourbon-Hattonville, puis le comte de Bourbon-Conty; né le 22 décembre 1772; marié le 20 avril 1828 à *Herminie de la Brousse de Verteillac ;* mort le 6 juin 1840, sans postérité ;

3° Louis-François, chevalier de Vauréal, chevalier de Malte, mort en août 1785. La correspondance secrète inédite, publiée par M. de Lescure, t. II, p. 105, note à la date du 28 octobre 1777, l'entrée dans le monde du chevalier de Vauréal, fils naturel du prince de Conty, élevé sous les yeux de son père qui vient de lui donner la terre de Vauréal.

CHAPITRE XXVI

BRANCHE DE BOURBON-VENDÔME

(*Issue de Henri IV.*)

Armes : *D'azur à trois fleurs de lys d'or, à une barre de gueules.*

1. Henri IV, roi de France et de Navarre, eut de Gabrielle d'Estrées, duchesse de Beaufort, sa maîtresse, les suivants :

1° César, qui suit ;

2° Alexandre de Bourbon, chevalier de Vendôme, chevalier de Malte, et reçu dans l'ordre à l'âge de sept ans, au Temple, à Paris ; ce fut Arnaud Sorbin, évêque de Nevers, qui fit le discours d'usage ; grand-prieur de France et général des galères de la Religion, né à Nantes le 19 avril 1598, légitimé par lettres d'avril 1599, enfermé au château de Vincennes le 3 juin 1626, y mourut le 8 février 1629 ; inhumé à Vendôme, dans l'église des Pères de l'Oratoire ;

3° Catherine-Henriette de Bourbon, mademoiselle de Vendôme, née à Rouen le 11 novembre 1596, légitimée en mars 1597, mariée le 20 janvier 1619 à *Charles de Lorraine,* duc d'Elbeuf, comte d'Harcourt, de Lislebonne et de Rieux, seigneur de Rochefort, chevalier des ordres du Roi, gouverneur de Picardie, fils de Charles de Lorraine, duc d'Elbeuf, et de Marguerite Chabot de Charny. Morte à Paris, le 20 juin 1663.

2. César de Bourbon, duc de Vendôme, d'Etampes, de Mercœur, de Beaufort et de Penthièvre, prince de Martigues, comte de Buzançais, seigneur d'Anet, pair et amiral de France, gouverneur de Bretagne, chevalier des ordres du Roi; né au château de Coucy en Picardie, en juin 1594; légitimé de France en janvier 1595, apanagé du duché de Vendôme par lettres données à Angers, le 3 avril 1598; mort à Paris le 22 octobre 1665, âgé de soixante-douze ans et quatre mois; inhumé dans l'église des Pères de l'Oratoire, à Vendôme; son cœur et ses entrailles dans l'église des Capucines, à Paris. — Marié à Fontainebleau, le 7 juillet 1609, à *Françoise de Lorraine,* duchesse de Mercœur, d'Etampes et de Penthièvre, princesse de Martigues, fille unique de Philippe-Emmanuel de Lorraine, duc de Mercœur, et de Marie de Luxembourg, duchesse d'Etampes et de Penthièvre. En faveur

de ce mariage, le duc et la duchesse de Mercœur donnèrent 50,000 livres de rente à leur fille, et le duc se démit de son gouvernement de Bretagne en faveur de son gendre; de son côté, la duchesse de Beaufort donna à son fils son duché de Beaufort. — Il se mêla activement aux troubles qui agitèrent la Régence de Marie de Médicis, suivit Louis XIII en Languedoc, dans la guerre de Religion de 1621, entra dans la conspiration de Chalais (1626), fut arrêté et enfermé à Vincennes d'où il ne sortit qu'en 1630 en résignant son gouvernement de Bretagne. Il fut de nouveau obligé de s'enfuir en Angleterre et ne revint en France qu'à la mort de Richelieu. Après s'être mis avec le duc de Beaufort, son fils, à la tête de la faction des *Importants*, il fut exilé de la cour en 1643; mais il cessa bientôt son opposition à Mazarin et fut nommé, en 1650, gouverneur de Bourgogne et surintendant général de la navigation. Il servit fidèlement le Roi pendant la Fronde, et, en 1655, battit la flotte espagnole à la hauteur de Barcelone. — De cette union sont issus :

1° Louis, qui suit;

2° François de Vendôme, duc de Beaufort, célèbre par le rôle qu'il joua dans les troubles de la Fronde; pair et amiral de France, chevalier des ordres du Roi; né à Paris, en janvier 1616; tué au siège de Candie, le

25 juin 1669, sans avoir été marié. — Dès l'année 1630 il fit la campagne de Savoie dans l'armée du Roi, assista à la bataille d'Avein (1635), à la reprise de Corbie (1636) et aux sièges de Hesdin (1639) et d'Arras (1640). Forcé de s'enfuir en Angleterre, lors de la découverte de la conspiration de Cinq-Mars, il ne revint qu'après la mort de Richelieu, dans les premiers mois de la régence d'Anne d'Autriche, dont il s'était déclaré le galant. Il eut un instant, à la Cour, un crédit que sa vanité et sa profonde incapacité ne tardèrent pas à lui faire perdre, car « son esprit, dit Campion, n'était pas capable de soutenir une bonne fortune, encore moins de l'établir ». Il se jeta alors dans la cabale des *Importants* dont il devint le chef, et, excité par la duchesse de Montbazon, sa maîtresse, et la duchesse de Chevreuse, il se mit à la tête d'un complot dont le but était l'assassinat de Mazarin. Arrêté le 2 septembre 1643, il fut enfermé à la Bastille, d'où il parvint à s'échapper, le 31 mai 1648. Il se rangea bientôt après du côté du Parlement dans la guerre de Paris contre la Cour; fit entrer un convoi dans la ville assiégée par Condé; et le *Roi des Halles*, comme on l'appela, devint l'idole de la populace dont il parlait le langage,

« ce qui, dit Retz, n'était pas ordinaire aux enfants de Louis le Grand ». Après la paix, qui termina la première Fronde, il se réconcilia avec Condé, qui, lorsque la guerre civile eut recommencé, le nomma gouverneur de Paris. Il combattit à Blesneau, où Turenne sauva la cause royale d'une ruine certaine (avril 1652), au faubourg Saint-Antoine, et, quelque temps après (30 juillet) eut avec son beau-frère, le duc de Nemours, un duel dans lequel celui-ci fut tué. Quand la paix eut été signée, il fut exclu de l'amnistie, exilé, rentra en grâce en 1658 et reçut la survivance de l'amirauté que possédait son père. Après plusieurs expéditions contre les corsaires algériens (1664-1665), il fut mis à la tête des secours que Louis XIV envoyait aux Candiotes assiégés par les Turcs. Il débarqua à Candie le 16 juin 1669, et, neuf jours après, périt dans une sortie. Son corps ne put jamais être retrouvé. Le cardinal de Retz a tracé de lui un portrait remarquable.

3° Elisabeth de Vendôme, mademoiselle de Vendôme, mariée le 11 juillet 1643 à *Charles-Amédée de Savoie,* duc de Nemours, de Génevois et d'Aumale, marquis de Saint-Sorlin, comte de Gisors; fils de Henri de Savoie, duc de Nemours, et d'Anne de

Lorraine, duchesse d'Aumale; morte à Paris, de la petite vérole, le 19 mai 1664, âgée de cinquante ans, et inhumée aux filles de Sainte-Marie de la rue Saint-Antoine.

3. Louis de Bourbon, duc de Vendôme, de Mercœur, d'Etampes et de Penthièvre, prince de Martigues, seigneur d'Anet, pair de France, gouverneur de Provence, chevalier des ordres du Roi. — Après la mort de sa femme, il entra dans les ordres, fut nommé cardinal le 7 mars 1667, et connu désormais sous le nom de cardinal de Vendôme. Il naquit à Paris, en octobre 1612, mourut à Aix, en Provence, le 6 août 1669 et fut inhumé à Vendôme, dans l'église collégiale de Saint-Georges. — Il avait épousé, en juillet 1651, à Brühl, *Laure Mancini,* fille de Michel-Laurent Mancini, gentilhomme romain, et de Jéronime Mazarin. — D'eux sont issus :

1° Louis-Joseph, qui suit;

2° Philippe de Bourbon-Vendôme, appelé le chevalier de Vendôme, puis M. le Grand-Prieur, chevalier de Malte, grand prieur de France, lieutenant général des armées du Roi, abbé de la Trinité de Vendôme, de Saint-Victor de Marseille, de Saint-Vigor de Cerisy, de Saint-Honorat de Marseille. Maréchal de camp en 1691, grand-prieur de France et lieutenant général en 1693, il servit avec bravoure, mais sans la moindre capacité. Disgracié à la suite de la bataille de Cassano, en 1705, il ne revint en France qu'après la mort de Louis XIV, et y vécut à Paris d'une vie de débauches qui abrégea ses jours. Il avait cessé d'habiter le Temple le jour où il avait cédé son office de grand-prieur de Malte, le 28 septembre 1719, au chevalier d'Orléans, bâtard du Régent.

Saint-Simon, qui englobait tous les bâtards de la maison de France dans une haine féroce, assaisonnée d'abominables calomnies, a particulièrement maltraité le Grand-Prieur et son frère le duc de Vendôme, et n'a jamais laissé échapper l'occasion de raconter sur eux des choses qu'il est difficile de reproduire. Il raconte qu'à la bataille de Cassano où le Grand-Prieur commandait un corps d'armée détaché de l'armée de son frère, le Grand-Prieur se serait tenu enfermé toute la journée dans une cassine (maisonnette), sans vouloir marcher. Le prince de Vaudémont, *Mémoires militaires,* est très dur pour le prince : « Savez-vous, dit-il, ce qu'il y fit pendant toute l'action ? Il mit pied à terre et se fit jeter un portemanteau au pied d'un arbre et s'y coucha au grand scandale de tous, en disant de temps en temps d'un air moqueur, entendant le grand feu, qu'il lui semblait que Monsieur son frère avait là de la besogne... c'est un abominable homme ». Un témoin occulaire, le chevalier de Quincy, dit que le soir de la bataille, il trouva M. de Vendôme « à table avec M. le Grand-Prieur, son frère. Ils n'avaient pour tout régal que du pain de munition avec un peu de fromage. Leur table était un billot sur lequel était fichée une baïonnette dans laquelle il y avait une chandelle qui leur servait de flambeau. Je remarquai beaucoup d'aigreur entre les deux frères. Cette conversation fut le commencement de leur désunion, qui fut cause que le Grand-Prieur fut rappelé un mois après ». Cette désunion avait déjà commencé lorsque le duc de Vendôme, après avoir chargé d'arranger ses affaires très obérées, son frère et l'abbé de Chaulieu, son favori, s'aperçut qu'ils le volaient, et leur retira le mandat qu'il leur avait confié. Jusque-là, l'amitié des deux frères avait été aussi étroite que possible.

Au sujet des anecdotes, plus ou moins authentiques, dont Saint-Simon n'a pas craint de salir les pages de ses inimitables mémoires, je dirai, avec le marquis d'Argenson *(Loisirs ou Essais)*... « Je les écrirois, si elles n'étoient encore plus dégoûtantes et révoltantes, qu'elles ne sont plaisantes et risibles, c'est en applaudissant à ces *saloperies* que le cardinal Abbéioni fit sa fortune ». L'anecdote est, d'ailleurs, si connue qu'il est encore plus superflu de la répéter.

De trois portraits du Grand-Prieur, tracés par des plumes sérieuses, trempées dans de l'encre et non dans du fiel, nous extrayons ce qui suit :

« Il a à peu près la même couleur de cheveux que son frère (blonds), mais pas tant d'embonpoint. Il est assez beau de visage. Il passe pour plus brave que son aîné, mais il n'a pas tant de bonheur. On peut dire qu'il l'égale aussi en esprit. » *(Portraits et Caractères)*, tirés du Musée Britannique, éd. 1897, p. 29). — Le duc de Luynes *(Mémoires)*, lui refuse, au contraire, le courage et la valeur militaire du duc de Vendôme.

« Digne frère du prince (Vendôme), dont on vient de donner le portrait, auquel il ne céda ni en courage, ni en débauche, si ce n'est que celui-ci prend ses plaisirs un peu plus régulièrement, donnant toute sa bonne fortune à une chanteuse célèbre, pour laquelle il n'épargnait point les revenus de la Sainte-Eglise. » Mme Moreau, chanteuse à l'Opéra, fut sa maîtresse attitrée jusqu'en 1702. Quand il revint à Paris, après la mort de Louis XIV, il la remplaça par Mlle Rochois, aussi chanteuse au même théâtre. (*Nouv. Portraits de la Cour de France, en 1703 et 1705*, pub. par Ed. de Barthélemy).

« Il s'est acquis moins de gloire que son aîné, et sa mémoire sera moins vénérée de la postérité, mais dans le monde de la société, M. le Grand-Prieur a mieux réussi que son frère... il montrait la même bravoure que son aîné, les mêmes talents pour la guerre, peut-être même en avait-il davantage, car il était moins opiniâtre et moins paresseux. Le libertinage du Grand-Prieur n'était pas moins grand que celui de son frère, quoique, à certains égards, ses goûts fussent plus honnêtes. De même, il paraissait propre en comparaison de son aîné ; cependant, il y avait, surtout à la fin de ses jours, bien de la négligence dans son ajustement. Il prenait beaucoup de tabac d'Espagne et en avait d'excellent. Sa seule tabatière était une poche doublée de peau et destinée à cet usage ; il y fouillait à pleine main, et se barbouillait le nez du tabac qu'il en tirait. Une bonne partie tombait sur son habit, qui en était toujours horriblement chargé, et on prétend que ses valets de chambre faisaient d'assez gros profits à râcler ce tabac de dessus ses vêtements ; ils le mettaient dans des boîtes de plomb, et le vendaient comme fraîchement arrivé d'Espagne. » *(Loisirs ou Essais du marquis d'Argenson,* édit. de 1785.)

Voyons maintenant, pour finir, quelques traits de Saint-Simon à la date de 1706, c'est-à-dire au moment où il vient de raconter le gain de la bataille de Cassano, par le duc de Vendôme : « Il (le Grand-Prieur) avait sur lui (Vendôme) l'avantage de ne s'être jamais couché le soir, depuis trente ans que, porté dans son lit ivre-mort, coutume à à laquelle il fut fidèle le reste de sa vie... Menteur, escroc, fripon, voleur, malhonnête homme jusque dans la moëlle des os, singulièrement bas et flatteur aux gens dont il avait besoin, et prêt à tout faire et à tout souffrir pour un écu ; avec cela le plus désordonné et le plus grand disputeur du monde. Il avait beaucoup d'esprit et une figure parfaite en sa jeunesse, avec un visage autrefois singulièrement beau ; en tout la plus vile, la plus méprisable et en même temps la plus dangereuse créature possible. » — Avec ces vingt derniers mots, Saint-Simon a trouvé le moyen de tracer son propre portrait.

Né à Paris, à l'hôtel de Vendôme, le 23 août 1655, baptisé dans la chapelle du château de Vincennes, et tenu par Monsieur et la princesse de Conty, le 27 octobre 1656; mort à Paris, en son hôtel, rue de Varennes, le 24 janvier 1727, inhumé au Temple ;

3° Jules-César de Bourbon-Vendôme, né à Paris, le 27 janvier 1657, baptisé dans la chapelle de l'hôtel de Vendôme, le 18 mars 1657, tenu par le cardinal Mazarin et la duchesse de Nemours, mort à Paris le 28 juillet 1660, et inhumé dans l'église des Capucines de la rue Saint-Honoré, à Paris ;

4° Fille naturelle non légitimée : Françoise d'Anet, mariée à *N. Arquier*, morte le 7 juin 1696.

4. Louis-Joseph de Bourbon, duc de Vendôme, de Mercœur, d'Etampes et de Penthièvre, prince de Martigues, pair de France, général des galères, grand sénéchal et gouverneur de Provence, vice-roi de Catalogne, chevalier des ordres du Roi, de la Toison-d'Or et chevalier de Saint-Louis. — Illustre général, connu par ses nombreuses victoires. — Né à Paris le 1er juillet 1654, baptisé dans la chapelle du château de Vincennes, le 27 octobre 1656, et tenu par le roi et la reine Anne d'Autriche. Mort à Vinaros, en Espagne, le 11 juin 1712, sans pos-

térité. — Marié dans la chapelle du château de Sceaux, le 15 mai 1710, à *Marie-Anne de Bourbon, mademoiselle d'Enghien,* fille de Henri-Jules de Bourbon, prince de Condé, et d'Anne, Palatine de Bavière.

Voici le détail, en court résumé, de la vie militaire de ce général illustre :

Nommé lieutenant général en 1688, après avoir passé, comme tout le monde, par les grades inférieurs, il se couvrit de gloire à Leuze et à Steinkerque (1692), à La Marsaille (1693), et obtint enfin (1695), malgré les répugnances de Louis XIV, le commandement d'une armée. Mis à la tête des troupes de Catalogne, il défit les Espagnols (1696), à Ostafrich, et s'empara de Barcelonne (1697). Lors de la guerre pour la succession d'Espagne, il remplaça Villeroy en Italie (1702), battit les Impériaux à Ostiano, à San-Vittoria, repoussa au delà du Mincio le prince Eugène, par qui il se laissa surprendre et qui lui livra la bataille indécise de Luzzara (15 août). Il n'en prit pas moins Luzzara le lendemain, et plus tard Guastalla et Borgoforte : mais son incurie comme administrateur était telle que son armée fut en partie détruite par le manque de vivres et les maladies. L'année suivante, il ne fit rien d'important, mais en 1704, il prit Verceil et Ivrée, Verrue en 1705, battit le prince Eugène à Cassano, le 16 août, et chassa les Impériaux d'Italie. En 1706, il les battit encore à Calcinato, le 19 avril, et fut rappelé en juillet pour être mis à la tête de l'armée de Flandre. En 1708, le Roi lui adjoignit le duc de Bourgogne qui éprouvait une violente répulsion pour les mœurs dissolues et les habitudes cyniques du duc de Vendôme. La discorde des chefs amena revers sur revers. Vendôme, à demi disgracié, ne servit pas l'année suivante. En 1710, il fut envoyé en Espagne où son arrivée causa un enthousiasme universel. Il ramena à Madrid (2 décembre), Philippe V dont la cause semblait désespérée, battit Stanhope à Brihuéga, le 9 décembre, et le lendemain remporta la victoire décisive de Villaviciosa qui assura définitivement la couronne au petit-fils de Louis XIV. Il fut comblé d'honneurs par Philippe V, qui le fit ensevelir à l'Escurial.

De même que pour le Grand-Prieur de France, son frère, nous allons chercher quelques traits de l'image de ce grand homme dans les récits de contemporains sérieux et modérés : « M. de Vendôme, qui a plus de vivacité et d'ardeur que d'attention au total des affaires, ne peut souffrir la supériorité des ennemis sur lui ; c'est une honte et un dépit personnel... il est paresseux, inappliqué à tous les détails, croyant toujours tout possible, sans discuter les moyens, et consultant peu. Il a de grandes ressources par sa valeur et son coup d'œil, qu'on dit être très bon pour gagner une bataille, mais il est très capable d'en perdre une par un excès de confiance. » (*Lettre écrite par Fénelon au duc de Chevreuse, le* 12 *novembre* 1706. Corresp. de Fénelon, t. I). — « Le duc de Vendôme porte ses propres cheveux (en ce temps où tout le monde portait d'immenses perruques, le fait devait être remarqué) qui sont blonds et peu frisés. Il est d'une assez grande taille, bien formé partout... C'est un bon cœur d'homme, libéral, généreux, qui fait plaisir quand il le peux. Son esprit ne surprend point. Aussi ne s'applique-t-il guère qu'aux plaisirs qui lui ont souvent coûté bien cher. Mais il a l'estime du souverain et c'est assez. » (*Portraits et caractères de* 1703, du Musée Britannique, Ed. 1897).

« M. le duc de Vendôme était né, comme le grand Condé, avec la science de la guerre pour ainsi dire infuse : il avait le même courage, le même sang-froid au milieu des grands dangers; mes ces avantages étaient balancés par de grands défauts. M. de Vendôme ne mettait pas tant de profondeur dans ses desseins (que le prince Eugène), il négligeait trop les détails; mais, quand, les moments critiques et décisifs étaient venus, il se relevait pour ainsi dire, semblait appeler à lui tout son génie... Ses soldats, qu'il n'assujettissait pas à une discipline trop sévère, l'aimaient (ils l'appelaient le *caporal Louis* et notre père Vendôme) et avaient pris une telle confiance en lui, qu'ils eussent tout risqué pour le tirer d'un mauvais pas. Son caractère était doux et bienfaisant. Il ne connaissait ni la haine, ni l'envie, ni la vengeance ; il se piquait de ressembler en cela à son grand-père Henri IV. Il n'était ni haut, ni vain, ni factueux, persuadé qu'on ne pouvait ni ne voulait lui manquer. Effectivement il n'a jamais été forcé à croire le contraire ; il n'y avait que les princes du sang qui puissent lui disputer le pas en France. Il était d'une taille ordinaire, d'un tempérament vigoureux. Sa figure et son air étaient nobles, et il avait de la grâce dans la parole et dans le maintien, beaucoup d'esprit naturel, mais peu cultivé... brave jusqu'à l'intrépidité, hasardeux même, quand il pouvait surmonter sa paresse... Il n'y a personne qui n'ait entendu parler de la *fraîcheur de M. de Vendôme,* expression dont on se sert encore pour désigner une marche faite dans la plus grande chaleur du jour ; elle ne vient que de ce que M. de Vendôme annonçait toujours le soir qu'il partirait le lendemain de très bonne heure (à la fraîcheur du matin), mais que le moment étant arrivé, il restait si longtemps dans son lit qu'il ne se mettait jamais en marche qu'aux environs de midi, même dans les temps et les pays les plus chauds. *(Loisirs ou Essais du marquis d'Argenson,* édit. de 1785, p. 150-162.)

Dans le portrait tracé dans le *Siècle de Louis XIV,* édit. Bourgeois, presque dans les mêmes termes, on relève cependant d'autres détails : « Ce désordre et cette négligence qu'il portait dans les armées, il l'avait à un excès surprenant dans sa maison, et même sur sa personne ; à force de haïr le faste, il en vint à une malpropreté cynique dont il n'y a point d'exemple, et son désintéressement, la plus noble des vertus, devint en lui un défaut qui lui fit perdre par son dérangement, beaucoup plus qu'il n'eut dépensé en bienfaits. On l'a vu souvent manquer du nécessaire. »

Au combat de Cassano, où il fut victorieux, Vendôme dut ramener lui-même, l'épée à la main, ses bataillons ébranlés; deux fois il chargea à leur tête, à pied : son cheval avait été tué sous lui, et il avait reçu, à travers sa botte, une blessure dans la jambe. Tous les officiers qui ont écrit sur cette affaire, lettres et souvenirs, le constatent, et le prince Eugène lui-même, le glorieux vaincu dans cette journée, relate dans ses Mémoires militaires, qu'en outre le capitaine des gardes de Vendôme, son secrétaire et deux de ses valets furent tués à ses côtés.

De tous les bâtards de la maison de France, celui-ci fut le plus glorieux, de même que le duc du Maine en fut le plus méprisable.

CHAPITRE XXVII

BRANCHE DE BOURBON DU MAINE

(*Issue de Louis XIV.*)

Armes : *De France au bâton de gueules péri en barre.*

1. Louis XIV eut de la marquise de Montespan, Françoise-Athénaïs de Rochechouart, le suivant :

2. Louis-Auguste de Bourbon, légitimé de France, duc du Maine et d'Aumale, comte d'Eu. prince souverain de Dombes, pair de France, lieutenant général des armées du Roi, colonel général des Suisses et Grisons, gouverneur et lieutenant général en Languedoc, grand-maître de l'artillerie, chevalier des ordres du Roi. — Né le 31 mars 1670, à Saint-Germain, légitimé de France le 20 décembre 1673 ; par édit de juillet 1714, enregistré le 2 août suivant, lui et sa postérité sont déclarés vrais princes du sang,

et capables de succéder à la couronne. L'enfant sur la tête duquel le Roi accumulait tant de titres et tant de faveurs, entre 1673 et 1694, fut élevé par Mme de Maintenon et annonçait les dispositions les plus heureuses, mais il était malheureusement boiteux « il vint au monde avec un corps infirme, les jambes minces et estropiées, en sorte qu'il en conserve un maintien fort incommode, une petite taille et mal aisée, sans que l'usage des bains de Barèges, où on lui fit faire quelques voyages, l'en ait pu soulager ; en quoi il est d'autant plus à plaindre que d'ailleurs il est beau de visage, d'une physionomie heureuse, d'un abord agréable, et d'un esprit dont les charmes et les lumières sont peu communes... » *(Relation de la Cour de France en* 1690, *par Ezéchias Spanheim, p.* 102). Mais sa dureté pour sa mère, Mme de Montespan, qu'il contribua à faire chasser de Versailles, l'incapacité militaire et la lâcheté dont il fit preuve, avait été loin de le rendre populaire. Lors de la campagne de 1695, on attribua à cette lâcheté, inconnue chez les Bourbons, d'avoir laissé échapper l'armée du prince de Vaudemont et d'avoir ainsi facilité au prince d'Orange la prise de Namur. Comme les princes allaient se séparer pour prendre chacun leurs quartiers d'hiver, le duc d'Elbeuf pria avec instance le duc du Maine, et devant tout le monde, de lui dire où il comptait servir la campagne prochaine, parce que, où que ce fût, il voulait y être avec lui. Comme on le pressait pour savoir pourquoi, il répondit que c'était parce qu'à côté de M. du Maine on était assuré de ne pas perdre la vie. Le duc du Maine baissa la tête et ne répliqua pas. Saint-Simon, qui rapporte l'anecdote, ajoute que le Roi fut au désespoir de la conduite honteuse de son enfant préféré.

Louis XIV, aveuglé par sa tendresse, éleva le duc du Maine et le comte de Toulouse son frère, au rang des princes du sang, en les déclarant aptes à succéder à la couronne à défaut de princes légitimes. De plus, par son testament, il l'investit du commandement des troupes de la maison du Roi. Mais le lendemain même de la mort du Roi, le 2 septembre 1715, le duc d'Orléans, investi de la régence, fit casser le testament par le Parlement, et plus tard, ôta au duc la qualité de prince (1718), et la surintendance de l'éducation de Louis XV (1718). Le duc se laissa alors entraîner par sa femme dans la conspiration de Cellamare, fut arrêté le 29 décembre 1718, et enfermé au château de Doullens. Il recouvra la liberté au bout d'un an, et on lui rendit une partie de ses honneurs. Il revint à la cour, et y passa tranquillement et obscurément le reste de son existence, mais au milieu des avantages de l'immense fortune que Louis XIV avait extorquée à la Grande Demoiselle : pour obtenir de lui que Pignerol ouvrit, après dix ans, ses portes sur le duc de Lauzun qu'elle avait, croit-on, secrètement épousé. Mlle d'Orléans dut donner au bâtard de Mme de Montespan, la principauté de Dombes, le comté d'Eu et le duché d'Aumale, trois apanages considérables qui sont parvenus aux d'Orléans actuels par le duc de Penthièvre, comme on le verra plus loin.

Mort le 14 mai 1736 au château de Sceaux et inhumé dans l'église paroissiale de cette commune. Marié le 19 mars 1692, à *Louise-Bénédicte de Bourbon,* mademoiselle de Charolais, fille de Henri-Jules de Bourbon, prince de Condé, et d'Anne, Palatine de Bavière ; morte le 23 janvier 1753, et inhumée à côté de son mari. D'eux sont issus :

1° Louis-Constantin de Bourbon, prince souverain de Dombes, né au château de Versailles, le 27 novembre 1695, baptisé dans la chapelle du château le 21 juillet 1697, tenu par le Roi et Madame ; mort à Versailles le 20 septembre 1698, inhumé au milieu du chœur de l'église de Notre-Dame de Versailles ;

2° Louis-Auguste de Bourbon, prince de Dombes, né à Versailles, le 4 mars 1700 ; baptisé dans la chapelle du château le 16 suivant ; tenu par le dauphin et la duchesse de Bourgogne, mort sans alliance à Fontainbleau, le 1er octobre 1755, inhumé dans l'église d'Eu ;

3° Louis-Charles de Bourbon, comte d'Eu, gouverneur de Guyenne, né au château de Sceaux, le 15 octobre 1701, baptisé dans la chapelle de Versailles le 15 juin 1705, tenu par le duc de Bourgogne et Madame, duchesse douairière d'Orléans; mort à Sceaux, sans alliance, le 13 juillet 1775, inhumé dans l'église de Sceaux ;

4° N... de Bourbon, duc d'Aumale, né à Versailles le 31 mars 1704, mort à Sceaux le 2 septembre 1708, inhumé dans l'église d'Eu ;

5° N... de Bourbon, mademoiselle du Maine, née à Versailles le 11 septembre 1694, morte le 26 septembre suivant, et inhumée dans le chœur de l'église Notre-Dame de Versailles ;

6° N... de Bourbon, mademoiselle d'Aumale, née le 21 décembre 1697, morte à Versailles le 22 août 1699, et inhumée dans l'église d'Aumale (Seine-Inférieure) ;

7° Louise-Françoise de Bourbon, mademoiselle du Maine, née à Versailles le 4 septembre 1707, baptisée dans la chapelle du château le 9 avril 1714, tenue par le dauphin et la duchesse d'Orléans ; morte au château d'Anet, le 19 août 1743.

CHAPITRE XXVIII

BRANCHE DE BOURBON-TOULOUSE

(*Issue de Louis XIV.*)

Armes : *De France au bâton de gueules, péri en barre.*

1. Le roi Louis XIV eut de la marquise de Montespan, Françoise-Athénaïs de Rochechouart, un fils naturel, qui suit :

2. Louis-Alexandre de Bourbon, comte de Toulouse, duc de Damville, Penthièvre, Châteauvillain et Rambouillet, pair, amiral et grand-veneur de France, lieutenant général des armées du Roi, gouverneur de Guyenne et de Bretagne, chevalier des ordres du Roi et de la Toison-d'Or. — Né à Versailles le 6 juin 1678 ; légitimé en novembre 1681 ; déclaré lui et les siens vrais princes du sang et capables de succéder à la couronne par un édit de Louis XIV, de juillet 1714. Celui-ci était beau, bien fait, brave et bon.

Pour lui Saint-Simon n'a que des louanges. Il était maréchal de camp lorsqu'il fut blessé au siège de Namur, en 1691. Mis, en 1704, à la tête d'une flotte considérable, il soutint, le 24 août, à la hauteur de Malaga, un glorieux combat contre la flotte anglo-hollandaise, fort supérieure à la sienne ; deux ans plus tard sa santé l'obligea à ne plus servir. Il vécut paisiblement, et comme un sage, à Rambouillet qu'il avait acheté, en 1706, tout meublé, château et domaine, à M. Fleuriau d'Armenonville, directeur général des Finances, et que Louis XIV érigea aussitôt en duché-pairie. Pendant la Régence, la dignité de sa vie, par opposition avec celle du duc du Maine, fut très remarquée et lui attira les respects et les sympathies de tous. — Mort au château de Rambouillet, le 1er décembre 1737, et inhumé dans l'église de Dreux. — Marié à Paris, le 2 février 1723, à *Marie-Victoire-Sophie de Noailles,* fille d'Anne-Jules, duc de Noailles, et de Marie-Françoise de Bournonville, veuve de Louis de Pardaillan d'Antin, marquis de Gondrin. — Dont un seul fils :

Louis-Jean-Marie qui suit.

Enfant naturel.

Le chevalier d'Arc, né vers 1718, marié à *mademoiselle Ruiter,* chanteuse à l'Opéra.

3. Louis-Jean-Marie de Bourbon, duc de Penthièvre, de Châteauvillain, de Rambouillet et d'Aumale, comte d'Eu, amiral et grand-veneur de France; appelé le duc de Penthièvre, chevalier des ordres du Roi. Né au château de Rambouillet le 16 novembre 1725; baptisé dans la chapelle du château de Versailles, le 5 juillet 1732, tenu par le Roi et la Reine. Mort au château de Bizy, près Vernon, le 4 mars 1793; inhumé dans l'église de Dreux. — Marié dans la chapelle du château de Versailles, le 29 décembre 1744, à *Marie-Thérèse-Félicité d'Este et de Bourbon,* princesse de Modène, fille de François III, duc de Modène, et de Charlotte-Aglaé d'Orléans. — Cet excellent prince honora de son amitié et de sa protection mon arrière-grand-père, qui parle souvent de lui avec attendrissement et reconnaissance dans ses *Souvenirs* que j'ai publiés, en 1866, sous ce titre: *Souvenirs d'un Chevau-léger de la Garde du Roi.* J'en détacherai cette simple page qui constitue un véritable tableau d'intérieur et qui donne la mesure du caractère bon, généreux et chevaleresque du prince à qui la Providence n'épargna pas les plus terribles épreuves: « 17 octobre 1786. — L'amitié que M. le duc de Penthièvre daigne me témoigner m'est bien précieuse, et il ne laisse jamais échapper une occasion de m'en donner des marques. Chaque fois qu'il vient à Aumale, qu'il aime beaucoup

et où il est vénéré et aimé au delà de tout ce qui peut se dire, il ne manque jamais de venir au Bois-Robin me rendre visite; et, comme je sais toujours à l'avance l'époque où il vient, je n'ai garde de manquer à être dans le pays et je viens toujours d'Abbeville à cette intention. S. A. S. est toujours dans une voiture à quatre chevaux avec son coureur devant, aussi simplement que pourroit le faire tout gentilhomme de ce pays. Mme la duchesse d'Orléans, sa fille, l'accompagne souvent, et quelquefois aussi Mme la princesse de Lamballe. C'est une journée de fête pour mes enfants qui savent toujours se montrer et vont, malgré mes recommandations, embrasser les augustes visiteurs qui ont pour eux mille bontés, comme ils le font à tous les autres visiteurs ordinaires. S. A. S. et les deux princesses, qui étoient arrivées à Aumale avant-hier, me firent l'honneur de venir hier. Après les premiers compliments, S. A. S. me dit ces paroles que j'ai retenues mot pour mot : « Vous n'êtes pas « assez entièrement au Roi pour n'être pas un « peu à moi aussi. Comme vous êtes le plus « honnête homme que je connaisse dans mon « duché d'Aumale, je veux vous donner une « preuve de l'estime et de l'affection que j'ai « pour vous et pour les habitants de mon duché « en vous nommant mon lieutenant général à « son gouvernement. Vous me ferez plaisir en

« ne me refusant pas. » Comme je me confondais en remercîments pour une telle faveur dont la manière dont elle était accordée doublait encore le prix, mon fils, qui a cinq ans, étant né le 24 octobre 1781, entra et alla aussitôt pour embrasser le prince, qui le prit sur ses genoux et lui dit : « Vous avez sous les yeux un bon « exemple qu'il vous faut suivre. Il faudra « aussi que vous serviez le Roi comme votre « père et vos ancêtres. Pour vous y aider, je « vous fais capitaine en premier dans mon régi« ment de dragons. Quand vous aurez l'âge, je « compte que vous vous emploierez pour bien « servir sa Majesté et pour l'honneur du régi« ment dont vous faites partie d'aujourd'hui. » Il y a peu d'exemples d'une faveur aussi singulière et à un âge aussi tendre. Je me suis hâté d'écrire tout cela pour ne pas perdre une seule des paroles de ce généreux et excellent prince, que l'on ne peut voir sans aimer, et pour que mon fils puisse les relire plus tard et en faire son profit. » [1] — D'eux sont nés :

1° Louis-Marie de Bourbon, duc de Ram-

[1] Le père du jeune capitaine en expectative était mestre de camp à la suite du régiment de Penthièvre, dragons, qui portait l'habit en drap vert foncé avec les revers chamois, la veste en drap blanc et la culotte de peau blanche ; le casque était en cuivre doré, la bombe entourée d'une peau de tigre, et la crinière noire flottante.

bouillet, né à Versailles le 2 janvier 1749, et mort le même jour ; inhumé à Dreux ;

2° Louis-Alexandre-Joseph-Stanislas, qui suit ;

3° Jean-Marie de Bourbon, duc de Châteauvillain, né à Paris le 17 novembre 1748, y mourut le 19 mai 1755, et fut inhumé à Dreux ;

4° Vincent-Marie-Louis de Bourbon, comte de Guingamp, né à Paris le 22 juin 1750, baptisé à Versailles le 12 mars 1752 ; y mourut le surlendemain 14 mars ; fut inhumé à Dreux ;

5° Louis-Marie-Félicité de Bourbon, né à Paris le 29 avril 1754 et mort le lendemain ; inhumé à Dreux ;

6° Marie-Louise de Bourbon, née à Paris le 18 octobre 1751, morte à Versailles le 22 septembre 1753 ; inhumée à Dreux ;

7° Louise-Marie-Adélaïde de Bourbon, mademoiselle de Penthièvre, née à Paris le 13 mars 1753, mariée à Versailles le 5 avril 1769 à *Louis-Philippe-Joseph d'Orléans, duc de Chartres,* depuis duc d'Orléans, et Philippe-Egalité, morte au château d'Ivry-sur-Seine, le 23 juin 1821, et inhumée à Dreux.

4. Louis-Alexandre-Joseph-Stanislas de Bourbon, prince de Lamballe, né à Paris le 6 sep-

tembre 1747, baptisé dans la chapelle du château de Versailles le 20 avril 1856, tenu par le Roi et la Reine. Marié le 31 janvier 1767 à *Marie-Thérèse-Louise de Savoie, princesse de Carignan,* fille de Louis-Victor-Amédée-Joseph de Savoie, prince de Carignan, et de Christine-Henriette de Hesse-Rhinfeld-Rothembourg. — Il mourut, sans laisser de postérité et perdu de débauches, au château de Luciennes, le 6 mai 1768, et fut inhumé à Dreux.

CHAPITRE XXIX

COMTES DE DREUX

Bien que les comtes de Dreux, les ducs de Bretagne et les sires de Courtenay aient abandonné les armes de France, et qu'ils aient cessé d'être, par ce fait, des *princes des Fleurs de Lys,* il n'en est pas moins constant qu'ils appartenaient à la maison de France, qu'ils en étaient issus directement et légitimement. Aussi, le père Anselme, qui fait autorité, n'hésite-t-il pas, dans son *Histoire généalogique de la Maison de France,* à les classer parmi les branches de la maison de France, au même titre que les ducs de Bourgogne et les rois de Navarre. Nous imiterons son exemple, et, pour compléter notre travail sur les *bâtards de la maison de France,* il nous paraît indispensable de faire figurer ici ceux de ces trois branches princières, devenues des familles indépendantes, mais qui, pour s'être séparées de bonne heure du glorieux tronc, n'ont pas cessé pour cela d'en être des branches.

Les comtes de étaient issus de Robert de France, comte de Dreux, du Perche et de Braine, cinquième fils de Louis VI, dit le Gros, roi de France, et d'Adélaïde de Savoie. Il se maria trois fois et adopta pour lui les armes de sa troisième femme, Agnès de Baudement, dame de Braine-sur-Velle, fille unique de Gui de Baudement, seigneur de Braine, et les transmit ainsi à ses descendants : *échiqueté d'or et d'azur, à la bordure de gueules.* Les comtes de Dreux, outre la branche aînée, formèrent celles des seigneurs de Beu, des seigneurs de Beaussart et des seigneurs de Morainville, qui, toutes, conservèrent le nom et les armes de Dreux. On ne trouve, dans cette longue succession, qu'un seul bâtard dans la personne du fils naturel de Jean de Dreux, seigneur de Morainville, tué d'un coup d'arquebuse à la défense de la ville de Verneuil, et le dernier représentant légitime de la maison de Dreux, en février 1590. Cet enfant, nommé François, né de Marguerite Le Roy, fut légitimé et anobli par lettres royales du mois de mars 1606, vérifiées à la chambre des comptes de Rouen, le 27 juin 1613, à la charge de porter les armes de Dreux-Morainville *barrées,* c'est-à-dire *échiqueté d'or et d'azur, à la bordure de gueules chargée de dix roses d'or, au bâton d'argent mis en barre sur le tout.* — De lui vint François de Dreux, appelé le marquis de Morainville, qui fut tué au combat de Sénef, en 1674, sans alliance ou du moins sans laisser de postérité.

DUCS DE BRETAGNE

Issus de Pierre de Dreux, dit *Mauclerc,* duc de Bretagne, comte de Richemont, deuxième fils de Robert II, comte de Dreux et d'Yolande de Coucy, sa deuxième femme. Il épousa Alix, comtesse de Bretagne, et ajouta à ses armes patronymiques l'écusson d'*hermines en franc-quartier*. Un de ses successeurs, Jean III, duc de Bretagne, abandonna définitivement les armes de Dreux et ne porta plus que l'écusson d'*hermines :* ses descendants imitèrent son exemple.

Tous les bâtards des ducs de Bretagne, qui suivent, portèrent pour armoiries, d'*hermines au bâton de gueules mis en barre.*

Fils naturel de Jean III, duc de Bretagne.

Jean, bâtard de Bretagne : le duc Jean, son père, lui donne, en novembre 1333, la paroisse de Lignent, avec les villes de Rospredent et de Vielmarché, en échange du château de Tronchateau qu'il lui avait précédemment donné.

Enfants naturels de Gilles de Bretagne, seigneur de Chantocé, étranglé au château de la Hardouinaie, le 25 avril 1450, par ordre de François Ier, duc de Bretagne, son frère aîné.

1° Edouard, bâtard de Bretagne, fut un des commandants de la flotte que le duc François II équipa en 1475 contre les gens de Fanwick. On prétend que Pierre Landais, favori de ce prince, le fit décapiter ou assassiner secrètement;

2° Guillaume, bâtard de Bretagne, fut un des chefs de la flotte de dix vaisseaux que le duc François II envoya, en 1460, sur les côtes anglaises.

Fils naturel du duc Jean VI de Bretagne.

Tanneguy, bâtard de Bretagne, seigneur de Hède, gouverneur de Dôle, où il eut de longs démêlés avec l'évêque, que son père eut beaucoup de peine à apaiser. Il fut fait chevalier au siège d'Avranches par les Français, en 1439, et assista aux Etats de Bretagne tenus à Vannes, en 1451 et 1455. Il mourut avant 1472, sans enfants de *Jeanne Turpin,* fille d'Antoine Turpin, seigneur de Crissé et de Villers, et d'Anne de la Grésille.

Fille naturelle de François Ier, duc de Bretagne.

Jeanne, bâtarde de Bretagne, nommée dans le testament du duc Pierre II, du 5 septembre 1457. Epousa en 1458 *Jean Morhier,* chevalier, seigneur de Villiers-le-Morhier, et de Liffermeau en Brie.

Fille naturelle de Pierre II, duc de Bretagne.

Jeanne, bâtarde de Bretagne, mentionnée en 1513 dans un procès avec Moricette, bâtarde du feu seigneur de Derval.

Fille naturelle d'Artus III, duc de Bretagne.

Jacquette, *alias* Jacqueline, bâtarde de Richemont, dame de Brehat, par donation de son père du 9 janvier 1451, légitimée par lettres patentes du Roi données à Saumur, sans finances, en septembre 1443; mariée, le 15 janvier 1438, à *Artus Brécart,* écuyer.

Enfants naturels de François II, duc de Bretagne.

1° François, bâtard de Bretagne, auteur des comtes de Vertus, qui vont suivre ;

2° Antoine, bâtard de Bretagne, dit *Dodus,* seigneur de Châteaufromont, seigneur d'Hédé par donation de son père du 10 décembre 1481. Substitué à la baronnie d'Avaugour, par lettres du 24 septembre 1481, pour le cas où son frère François mourrait sans enfants. Il mourut jeune et sans alliance ;

3° N... et N..., filles, bâtardes de Bretagne, mentionnées par D. Lobineau.

COMTES DE VERTUS

Bâtards de Bretagne.

Armes : *Ecartelé, aux 1 et 4 d'hermines, aux 2 et 3 contre-écartelé, aux 1 et 4 de France au lambel d'argent, aux 2 et 3 de Milan, et sur le tout d'argent au chef de gueules, qui est Avaugour.*

1. François, bâtard de Bretagne, comte de Vertus, et de Goëllo, baron d'Avaugour, seigneur de Clisson, Châtelaudren, Landolon et Paimpol, lieutenant général du duc, son père, en Bretagne, puis de Charles VIII, en 1494, gouverneur de Saint-Malo. — Fils naturel de François II, duc de Bretagne, et d'Antoinette de Maignelay, dame de Cholet, veuve d'André, seigneur de Villequier, et fille de Jean, seigneur de Maignelay, dit Tristan, et de Marie de Jouy. — Allié à *Madeleine de Brosse, dite de Bre-*

tagne, fille de Jean de Brosse, dit de Bretagne, comte de Penthièvre, et de Louise de Laval, et veuve de Jean de Savoie, comte de Genève. — Il reçut de son père le comté de Vertus, en 1485, et la baronnie d'Avaugour le 24 septembre 1480. — Ses enfants furent :

1° François, qui suit ;

2° N..., mort jeune ;

3° N..., prieur de la Trinité de Clisson ;

4° Anne de Bretagne, vivant en 1523.

2. François de Bretagne, comte de Vertus et de Goëllo, baron d'Avaugour, seigneur de Clisson. — Allié à *Madeleine d'Astarac,* fille de Jean III, comte d'Astarac en Guyenne, et de Jeanne de Chambes-Montsoreau. — Il eut d'elle :

1° François de Bretagne, comte de Vertus et de Goëllo, baron d'Avaugour, seigneur de Chantocé et de Clisson, marié en 1537 à *Charlotte de Pisseleu,* fille de Guillaume de Pisseleu, seigneur de Heilly, et de Madeleine de Laval. Il mourut sans postérité ;

2° Odet, qui suit ;

3° François, abbé de Cadouin, au diocèse de Sarlat ;

4° Louise de Bretagne, mariée à Bar-sur-Seine, le 10 mai 1542, à *Guy, baron de Castelnau et de Clermont-Lodève ;*

5° Madeleine de Bretagne, femme de *Paul,*

seigneur *d'Andouïns et de Lescun,* premier baron et sénéchal de Béarn, tué au siège de Rouen, en 1572.

3. Odet de Bretagne, comte de Vertus et de Goëllo, vicomte de Saint-Nazaire, baron d'Avaugour et d'Ingrandes, seigneur de Chantocé, Clisson et Montfaucon, conseiller d'Etat, capitaine de cinquante hommes d'armes des ordonnances du Roi. — Allié à *Renée de Coësme,* fille de Charles de Coësme, seigneur de Lucé, et de Gabrielle d'Harcourt. D'eux sont issus :

1° Charles, qui suit ;

2° François de Bretagne, comte de Goëllo, tué à la bataille de Coutras, en 1587, ne laissant qu'une fille naturelle, née de Renée de Chatellier, dame de Saint-Denis, nommée Françoise d'Avaugour, et légitimée en novembre 1592 ;

3° Renée de Bretagne, alliée en juin 1577, à *François Le Roy, seigneur de Chavigny,* comte de Clinchamp, capitaine des gardes du corps, chevalier des ordres du Roi ;

4° Françoise de Bretagne, femme de *Gabriel de Goulaines,* sire dudit lieu, mort en 1608.

4. Charles de Bretagne, comte de Vertus et de Goëllo, vicomte de Saint-Nazaire, baron d'Avaugour et d'Ingrandes, premier baron de Bretagne,

seigneur de Clisson, Chantocé et Montfaucon, mort en 1608 et inhumé à Clisson. — Allié à *Philippe de Saint-Amadour,* vicomtesse de Guiguen, et de Claude de La Tousche. Leurs enfants sont :

1° Claude, qui suit ;

2° Antoinette de Bretagne, alliée : 1° à *Pierre de Rohan,* prince de Guéménée ; 2° en 1624, à *René du Bellay,* marquis de Thouarcé, roi d'Yvetot ; 3° à *Pierre d'Escoubleau,* marquis de Sourdis.

5. Claude de Bretagne, comte de Vertus et de Goëllo, vicomte de Saint-Nazaire, baron d'Avaugour et d'Ingrandes, seigneur de Clisson, premier baron de Bretagne, gouverneur de Rennes, de Saint-Malo et de Vannes, conseiller d'Etat, mort à Paris, le 6 août 1637, âgé de cinquante-cinq ans, et inhumé à Clisson. Epousa, en mai 1609, *Catherine Fouquet,* fille de Guillaume Fouquet, marquis de La Varenne, gouverneur d'Angers et de la Flèche, et de Catherine Poussart. Ils ont eu :

1° Louis de Bretagne, comte de Vertus, baron d'Avaugour, mestre de camp du régiment de Navarre en 1635 ; allié 1° en 1642, à *Françoise de Daillon,* fille de Timoléon de Daillon, comte du Lude, et de Marie Feydeau ; 2° en 1647, à *Françoise-Louise de*

Balzac, fille d'Henri de Balzac, comte d'Entragues, et de Louise Lhuillier-Boullencourt : il mourut à Clisson, sans enfants, le 2 octobre 1669 ;

2° Claude, qui suit ;

3° N..., mort jeune ;

4° Marie de Bretagne, mariée en 1628, à *Hercule de Rohan,* duc de Montbazon, morte le 28 avril 1657 ;

5° Catherine-Françoise de Bretagne, mademoiselle de Vertus, morte sans alliance, le 21 novembre 1692, âgée de soixante-quinze ans ;

6° Françoise-Philippe de Bretagne, abbesse de Nidoiseau ;

7° Constance de Bretagne, mademoiselle de Clisson, morte sans alliance, le 19 décembre 1695, âgée de soixante-dix-huit ans ;

8° Marguerite-Angélique de Bretagne, mademoiselle de Chantocé, morte sans alliance, en août 1694, âgée de soixante-douze ans ;

9° Madeleine de Bretagne, religieuse ;

10° Anne de Bretagne, mademoiselle de Goëllo, morte sans alliance, le 10 février 1707, âgée de quatre-vingts ans ;

11° Marie-Claire de Bretagne, abbesse de Malnoue, morte le 31 mai 1711, âgée de quatre-vingt-trois ans ;

Enfant naturel.

12° Charles d'Avaugour, né d'Anne de Lureau, légitimé en mars 1615.

6. Claude de Bretagne, comte de Vertus et de Goëllo, baron d'Avaugour, premier baron de Bretagne, seigneur de Clisson ; né en 1629, mort à Paris, le 7 mars 1699 et inhumé dans l'église de Saint-Sulpice. — Allié le 13 avril 1673, à *Anne-Judith Le Lièvre,* fille de Thomas Le Lièvre, marquis de La Grange et de Fourilles, président au Grand-Conseil, et d'Anne Faure de Berlize. Ils ont eu pour enfants :

1° Armand-François, qui suit ;

2° Henri-François de Bretagne, comte de Goëllo, colonel d'infanterie, né le 17 juin 1685 ;

3° N..., morte en naissant ;

4° Anne-Agathe de Bretagne, mademoiselle d'Avaugour, née le 5 avril 1676, morte sans alliance, le 12 juin 1720, inhumée à Saint-Sulpice ;

5° Marie-Claire-Geneviève de Bretagne, mariée 1° le 9 août 1694, à *Gonzalès-Joseph Carvalho-Patalin,* grand-maître des bâtiments royaux de Portugal ; 2° le 17 novembre 1704, à *Charles-Roger, prince de Courtenay* ;

6° Angélique de Bretagne, mademoiselle

de Goëllo et de Vertus, née le 5 juillet 1679, morte à Paris, sans alliance, le 29 décembre 1719, et inhumée à Saint-Sulpice ;

7° Catherine-Barthélemy-Simone de Bretagne, demoiselle de Châteaulin, morte à Paris, sans alliance, le 13 janvier 1720, et inhumée à Saint-Sulpice.

7. Armand-François de Bretagne, comte de Vertus et de Goëllo, baron d'Avaugour, premier baron de Bretagne, seigneur de Clisson, enseigne des gendarmes de la garde du Roi, maréchal de camp (le 1er février 1719) ; né le 14 octobre 1682.

CHAPITRE XXX

SEIGNEURS DE COURTENAY

La maison de Courtenay est bien authentiquement une branche de la maison royale de France, puisqu'elle a pour auteur Pierre de France, septième et dernier fils de Louis Le Gros, roi de France, et d'Adélaïde de Savoie ; il épousa, après 1150, Elisabeth, dame et héritière de Courtenay et de Montargis, la dernière de ce nom : Celle-ci portait pour armes *d'or à trois tourteaux de gueules,* qui devinrent, à l'exclusion des armes de France, celles de la maison de Courtenay. — Les princes de Courtenay, représentant la seule des nombreuses branches de leur maison qui se soit prolongée jusqu'au XVIIIe siècle, et qui s'éteignit dans la maison de Bauffremont, reprit les armes de France, brisées d'une bordure engrelée de gueules, en souvenir de son origine incontestable, et les plaça aux 1er et 4e quartiers de son écu, les armes de Courtenay occupant les 2e et 3e quartiers.

Quoique les bâtards de la maison de Courtenay ne soient pas absolument au même titre que ceux qui précèdent, des bâtards de la maison de France, ils y sont du moins rattachés par les mêmes liens que les bâtards de Dreux et de Bretagne : C'est pourquoi il nous a paru légitime de les faire figurer ici, à l'imitation du père Anselme.

La branche aînée de Courtenay s'illustra en donnant quatre empereurs à Constantinople, de 1217 à 1285, et se termina avec Catherine de Courtenay, impératrice titulaire de Constantinople, mariée en 1300, à Charles de France, comte de Valois, son cousin.

SEIGNEURS DU CHESNE ET DE CHANGY

Bâtards de Courtenay.

1. Jean de Courtenay, seigneur de Champignelles, Saint-Briçon, Saint-Maurice-sur-Laveron, Dannemarie-en-Puissaye, Melleroy de Courcelles, issu en ligne directe, et au sixième degré de Robert de Courtenay, seigneur de Champignelles, lequel était le deuxième fils de Pierre de France, seigneur de Courtenay, eut de *Jeanne de La Brosse* deux enfants naturels qui sont :

1° Pierre, qui suit ;

2° Laurence, bâtarde de Courtenay, légitimée par lettres de Charles VIII, de janvier 1496, femme de *Louis Renard,* seigneur du Chesne, seigneurie qu'elle donna à son neveu le 17 juillet 1510.

Armes : *De Courtenay, brisé d'une cotice d'azur en barre.*

2. Pierre, bâtard de Courtenay, seigneur des Esves, archer des ordonnances du Roi, dans la compagnie de Philippe de Hochberg, maréchal de Bourgogne en 1485, de Mathieu, bâtard de Bourbon en 1490, de François de Bourbon, comte de Vendôme en 1491. — Epousa *Denise Charnier,* fille de Louis Charnier, seigneur de Chanulon et de la Chapponnière, et de Marguerite de Barres, dame de Changy. — D'eux naquirent :

1° Jacques, qui suit ;

2° Léon de Courtenay, seigneur de la Chapponnière, maître d'hôtel de Suzanne de Bourbon, comtesse de Dammartin, mort sans alliance, vers 1567 ;

3° Aimée de Courtenay, sans alliance.

3. Jacques de Courtenay, seigneur des Esves, du Chêne, Changy, La Chapponnière et Moulaines, allié à *Christine de Ville-Blanche,* dame de Cernoy et d'Autry, fille de Pierre de Ville-

Blanche, seigneur de Cernoy et Autry, et de Jeanne de Maumont. — Dont :

1° François de Courtenay, mort sans enfant, après 1575;

2° Jacques, qui suit;

3° Françoise de Courtenay, alliée en 1563 à *Bertrand de Boves*, seigneur de Malesherbes et de Senen;

4° Lucrèce de Courtenay, mariée le 4 juillet 1574 à *Louis d'Orléans*, seigneur de Froisseau;

5° Marguerite de Courtenay, mariée à *Maximilien de Sallazart*, seigneur de Ferrières et Vendeuvre;

6° Jeanne de Courtenay, mariée à *Paul de Coste*, seigneur de Champ-Festu.

4. Jacques de Courtenay, seigneur du Chêne, Formarville et de Montcelart, gentilhomme ordinaire du duc d'Anjou, tué près de Villiers-Saint-Benoît, le 21 août 1589. — Marié le 19 décembre 1577, à *Marie de Gauville*, dame de Formarville, fille de Jean de Gauville, et de Marie d'Etampes. — D'eux sont nés :

1° Jacques, qui suit;

2° Joseph, chevalier de Malte, le 11 juillet 1603;

3° Claude de Courtenay, mariée le 13 février 1605 à *Charles de Loron,* baron de Limanton ;

4° Agnès de Courtenay, religieuse de Sainte-Claire, à Gien.

5. Jacques de Courtenay, seigneur du Chêne, Changy, Moulaines, Formarville et Montcelart. Mort le 10 août 1642. — Marié : 1° le 13 février 1606, à *Françoise de Loron,* fille de François de Loron, baron de Limanton, et de Marie-Elisabeth de Courtenay ; 2° le 25 mai 1632, à *Jacqueline de Paviot,* fille de Charles de Paviot, chevalier, seigneur de Boissy-le-Sec, près Etampes, et de Marie de Rochechouart. Il n'eut d'enfants que de son premier mariage :

1° François, qui suit ;

2° Jacques de Courtenay, chevalier de Malte, le 17 avril 1628 ;

3° Joseph, qui suivra après son frère ;

4° Geneviève de Courtenay, religieuse à Sainte-Claire de Dezise ;

5° Marie de Courtenay, religieuse à Corbie ;

6° Léonore de Courtenay, religieuse à Sainte-Claire de Gien ;

7° Angélique de Courtenay, religieuse à Forêtmoutier.

6. François de Courtenay, seigneur de Changy, Vaux, la Fleurière, Montgelu, Formarville,

colonel du régiment de Fossez, mort en 1671. — Marié : 1° à *Marie de Crépy*, veuve de Henri de Bernard, chevalier, seigneur de Montgermont, et fille de Jacques de Crépy, seigneur de Beauregard, et de Marguerite Fraguier, le 22 janvier 1649. Il n'en eut pas d'enfants, et épousa : 2° le 28 octobre 1653, *Marie-Louise de Rochechouart*, fille de Louis de Rochechouart et de Louise Lamy. D'eux naquirent :

1° Louis de Courtenay, seigneur de Changy, mort jeune ;

2° Louise-Marie de Courtenay, dame de Changy, mariée à *Charles Le Coigneux*, chevalier, seigneur de Besonville, conseiller au Châtelet ;

3° Marie de Courtenay, morte jeune.

Fils naturel.

4° Charles, bâtard de Courtenay, dit de Montgelon, né à Nancy, de Louise de Vaubecourt.

7. Joseph de Courtenay, seigneur de Montcelart et de Moulaines, mort en octobre 1674. Marié le 28 avril 1646 à *Catherine Guyon*, fille de Georges Guyon, seigneur de La Mothe, gentilhomme du duc d'Orléans, et de Catherine de L'Hoste. — D'eux sont issus :

1° Jean-Marie, qui suit ;

2° Catherine de Courtenay, mariée le 20 février 1686, à *Charles de Gauville,* seigneur de Javercy ;

3° Jeanne de Courtenay, alliée : 1° le 25 juillet 1692, à *Jacques du Grouchet,* seigneur de Soquens, président en l'élection de Montivilliers ; 2° en mai 1702, à *Louis-Gilles de Barville, marquis de Boissy,* capitaine au corps royal d'artillerie ; 3° à *N... Mélian ;*

4° Marguerite de Courtenay, religieuse de la Madeleine d'Orléans ;

5° Marie-Anne, Geneviève et Françoise de Courtenay.

8. Jean-Marie de Courtenay, seigneur de Montcelart, page de la chambre du Roi, mort en 1692. — Marié, le 7 janvier 1677, à *Marie de La Marre,* veuve de Jacques de Grouchet, conseiller au Parlement de Rouen ; et il n'en eut pas d'enfants. — Avec lui finit cette branche.

Enfants naturels de Gaspard de Courtenay, seigneur de Bléneau.

1° Gaspard, bâtard de Courtenay, seigneur du Coudray, né de Marguerite de Courmelin, major du régiment royal des vaisseaux, lieutenant de Roi à la citadelle de Cazal, lieutenant au gouvernement de Dunkerque, chevalier de

Saint-Louis, mort le 26 décembre 1708, laissant de Madeleine Frouart une fille naturelle :

A. Marguerite-Madeleine de Courtenay, légitimée par lettres-patentes de juin 1694 ; mariée le 25 mars 1697 à *Robert-Jean Guérin,* seigneur de Brulart, major de la ville de Dunkerque.

2° Edme, bâtard de Courtenay, né de Barbe Guichard, baptisé à Saint-Jean-en-Grève, à Paris, le 27 janvier 1652.

FIN

TABLE DES MATIÈRES

CHAPITRE Ier

Les Capétiens.

Pages.

HUGUES, évêque d'Auxerre........................ 5

LES TROIS FRÈRES DE HUGUES CAPET : VEHON, EUDES et HENRY................................ 6

GAUZLIN ou GAUCELIN, fils naturel de Hugues Capet. 7

LES QUATRE ENFANTS NATURELS DE PHILIPPE Ier, roi de France................................ 8

1° Philippe, comte Mantes et seigneur de Mehun-sur-Yèvre; 2° Flore ou Fleury; 3° Cécile; 4° Eustache, comtesse d'Etampes et de Corbeil.

PHILIPPE, fils naturel de Louis VII................ 9

PIERRE-CHARLOT, fils naturel de Philippe-Auguste.. 9

ENDELINE, fille naturelle du roi Louis X........... 9

CHAPITRE II

Les Valois.

PHILIPPE DE FRANCE, cinquième fils de Philippe VI, dit de Valois............................. 11

1° N..., le bâtard d'Orléans, enfant naturel de Philippe de France; 2° Louis d'Orléans, enfant naturel de Philippe de France.

Pages.

JEAN, fils illégitime de Philippe de Valois 12

MARGUERITE DE VALOIS, demoiselle de Belleville, fille légitimée de Charles VI 12

LES TROIS FILLES NATURELLES DE CHARLES VII ET D'AGNÈS SOREL 13

1° Charlotte, bâtarde de France; 2° Marguerite de France; 3° Jeanne de France.

LES QUATRE FILLES NATURELLES DE LOUIS XI, nées de deux femmes nobles 15

1° Guzette, fille de Phelise Regnard; 2° Jeanne de France, dame de Mirebeau; 3° Marie de France; 4° Isabeau de France.

LES DEUX FILLES NATURELLES DE CHARLES DE FRANCE, DUC DE GUYENNE 17

1° Jeanne; 2° Anne, première femme de FRANÇOIS DE VOLVIRE.

CAMILLE PALAVICINI ET CHARLES VIII 17

MICHEL DE BUCY, attribué fils naturel de Louis XII. 18

VILLECOUVIN, enfant illégitime de François Ier...... 19

LES TROIS BATARDS DE HENRI II.................. 20

1° Henri d'Angoulême, fils du roi Henri II et de N..., de Livingstone; 2° Diane, duchesse d'Angoulême; 3° Henri de Saint-Remy.

LES DEUX FILS DE CHARLES IX.................... 49

Ducs d'Angoulême.

1. CHARLES, BATARD DE VALOIS, DUC D'ANGOULÊME, comte d'Auvergne, de Clermont, etc., etc.... 49

1° Henri de Valois; 2° Louis; 3° François.
1° Marie; 2° Anne.

2. LOUIS DE VALOIS, DUC D'ANGOULÊME, comte de Lauraguais 55

ENFANT NATUREL DU DUC D'ANGOULÊME............ 57

CHAPITRE III

Ducs de Longueville *(Issus des ducs d'Orléans).*

Pages.

1. LOUIS DE FRANCE, DUC D'ORLÉANS, second fils de Charles V et de Jeanne de Bourbon 59

2. JEAN, BATARD D'ORLÉANS, comte de Dunois et de Longueville, grand chambellan de France.... 59

1° Jean; 2° François; 3° Marie; 4° Catherine; *Fils de Jean, bâtard d'Orléans :* 5° Jean.

3. FRANÇOIS D'ORLÉANS, comte de Longueville, etc. 63

1° François; 2° Louis; 3° Jean; 4° Anne; *Enfant naturel :* 5° Jean.

4. LOUIS D'ORLÉANS, duc de Longueville.......... 66

1° Claude; *Fils naturel:* Claude; 2° Louis; 1° François, 2° Louis; 3° François; 4° Charlotte.

5. FRANÇOIS D'ORLÉANS, marquis de Rothelin, comte de Neufchâtel, etc........................ 68

1° Léonor; 2° Françoise; *Fils naturel:* 3° François.

6. LÉONOR D'ORLÉANS, duc de Longueville et d'Estouteville, etc............................ 69

1° Charles; 2° Henri; 3° François; 4° Léonor; 5° Catherine; 6° Antoinette; 7° Marguerite; 8° Eléonore.

7. HENRI D'ORLÉANS, duc de Longueville, souverain de Neufchâtel, etc........................ 72

8. HENRI D'ORLÉANS, duc de Longueville et d'Estouteville, etc............................ 7

1° Jean-Louis-Charles; 2° Charles-Paris; 3° Charlotte-Louise; 4° Marie-Gabrielle; *Fille naturelle :* 5° Catherine-Angélique.

9. CHARLES-PARIS D'ORLÉANS, duc de Longueville et d'Estouteville, etc........................ 75

Marquis de Rothelin *(Issus d'un bâtard de la branche bâtarde qui précède).*

Pages.

5. François d'Orléans, marquis de Rothelin 76
6. François d'Orléans........................ 76
   1° Henri ; 2° Léonor ; 3° Catherine ; 4° Henriette.
7. Henri d'Orléans, marquis de Rothelin.......... 76
   1° Marc-Antoine ; 2° Henri-Auguste ; 3° François d'Orléans (1° Jean-François-Antoine ; 2° Léonor-Gabriel-Jean-Baptiste ; 3° François-Marie-Antoine-Alexis ; 4° Anne d'Orléans) ; 4° Gabriel d'Orléans ; 5° Marie-Catherine ; 6° Marie-Madeleine.
8. Henri-Auguste d'Orléans..................... 78
   1° Henri ; 2° N... et N...; 3° Marie-Jeanne-Catherine-Henriette.
9. Henri d'Orléans 79
   1° Philippe ; 2° Alexandre ; 3° Charles ; 4° Françoise-Gabrielle ; 5° Suzanne ; 6° Radegonde.
10. Alexandre d'Orléans......................... 80

CHAPITRE IV

Suite de la maison de Valois............ 83

CHAPITRE V

Rois de Naples et de Sicile.

Galéas, fils naturel de Charles II de France, etc... 85
Marie, fille naturelle de Robert de France, etc..... 86
Filles naturelles de Louis de Tarente, roi de Sicile 86
Filles naturelles de Philippe, prince de Tarente. 86
Ladislas de Sicile-Duras, roi de Naples, de Sicile et de Hongrie, et ses deux enfants naturels... 87
   A. Renaud de Duras ; B. Marie de Duras.

CHAPITRE VI

Branche des comtes d'Evreux, rois de Navarre
(Issus de Louis de France, comte d'Evreux, fils puîné de Philippe III, dit le Hardi, roi de France, et de Marie de Brabant, sa deuxième femme).

Pages.

LES DEUX ENFANTS NATURELS DE PHILIPPE DE NAVARRE, comte de Longueville, etc.................. 89

1° Lancelot, bâtard de Longueville ; 2° Robine, bâtarde de Longueville.

LES DEUX ENFANTS NATURELS DE CHARLES II, DIT LE MAUVAIS, roi de Navarre.................... 90

1° Lionel, bâtard de Navarre ; 2° Jeanne, bâtarde de Navarre.

Maréchaux de Navarre.

1. LIONEL, BATARD DE NAVARRE, fils de Charles II, roi de Navarre............................ 90
2. PHILIPPE DE NAVARRE, maréchal de Navarre.... 91
3. PIERRE DE NAVARRE, maréchal de Navarre...... 91
   1° Philippe ; 2° Pierre.
4. PIERRE DE NAVARRE, maréchal de Navarre, marquis de Cortez......................... 91
   1° Pierre ; 2° François ; 3° Didace.
5. PIERRE DE NAVARRE, maréchal de Navarre, marquis de Cortez, président du conseil royal de Castille.............................. 92
6. Jéronime, marquis de Cortez.................. 92

Comtes de Lérin.

1. LOUIS DE NAVARRE, comte de Beaumont-le-Roger. 92
   1° Charles ; 2° Jeanne.
2. CHARLES DE BEAUMONT, dit CHARLOT............ 92
   1° Charles ; 2° Louis ; 3° Jean de Beaumont ; 4° Catherine ; *Fils naturel :* 5° Guillaume.

Pages.

3. LOUIS DE BEAUMONT, comte de Lérin, etc........ 93

1° Louis; 2° Charles; 3° Henri; 4° Thibaut; 5° Philippe; 6° Jean; 7° Jeanne; 8° Anne; 9° Madeleine.

4. LOUIS DE BEAUMONT, comte de Lérin, marquis de Huesca, etc............................ 94

1° Louis; 2° Ferdinand; 3° Pierre et Jean; 4° Catherine; 5° Anne.

5. LOUIS DE BEAUMONT, comte de Lérin, connétable de Navarre 94

1° Briande; 2° Françoise; 3° Marie.

LES TROIS FILS NATURELS DE CHARLES III, ROI DE NAVARRE.............................. 95

1° Lancelot de Navarre; 2° Godefroy de Navarre; 2° Jeanne de Navarre.

CHAPITRE VII

Ducs et Comtes d'Alençon *(Issus de Charles de Valois, comte d'Alençon, frère puîné de Philippe VI, dit de Valois, roi de France).*

ENFANT NATUREL DE PIERRE II, COMTE D'ALENÇON... 97

Pierre, bâtard d'Alençon.

ENFANTS NATURELS DE JEAN Ier, DUC D'ALENÇON..... 98

1. Pierre, bâtard d'Alençon, seigneur de Gallardon; 2. Marguerite, bâtarde d'Alençon.

ENFANTS DE JEAN II, DUC D'ALENÇON................ 99

1. Jean, bâtard d'Alençon; 2. Robert, bâtard d'Alençon; 3. Jeanne, bâtarde d'Alençon; 4. Madeleine, bâtarde d'Alençon.

ENFANTS NATURELS DE RENÉ, DUC D'ALENÇON...... 100

1. Charles, bâtard d'Alençon, seigneur de Cany et de Caniel; 2. Marguerite, bâtarde d'Alençon; 3. Jacquette, bâtarde d'Orléans.

Pages.

CHAPITRE VIII

Rois de Naples et de Sicile de la deuxième branche d'Anjou *(Issus de Louis de France, deuxième fils du roi Jean, et de Bonne de Luxembourg, sa première femme).*

ENFANTS NATURELS DE RENÉ D'ANJOU, ROI DE NAPLES ET DE SICILE 103

1. Jean, bâtard d'Anjou, marquis de Pont-à-Mousson, seigneur de Saint-Cannat; 2. Blanche, bâtarde d'Anjou; 3. Madeleine, bâtarde d'Anjou.

FILS NATUREL DE JEAN D'ANJOU, DUC DE CALABRE.... 104

FILLE NATURELLE DE NICOLAS D'ANJOU, DUC DE CALABRE, de Lorraine et de Bar...................... 105

ENFANTS NATURELS DE CHARLES D'ANJOU, COMTE DU MAINE.................................. 105

1. Louis d'Anjou, bâtarde du Maine ; 2. Jean, bâtard du Maine, seigneur de Charroux ; 3. Marie, bâtarde du Maine.

Branche bâtarde des marquis de Mézières..... 106

1. Louis d'Anjou, bâtard du Maine, etc. (1° Louis, 2° René, 3° Anne, 4° Renée) ; 2. René d'Anjou, baron de Mézières, etc. (1° Louis, 2° Nicolas, 3° Françoise, 4° Françoise, 5° Renée, 6° Antoinette ; *Fille naturelle* : 7° Marie d'Anjou) ; 3. Nicolas d'Anjou, marquis de Mézières, etc. (1° Nicolas, 2° Henriette, 3° Antoinette, 4° Renée, 5° Jeanne).

CHAPITRE IX

Ducs de Bourgogne *(Issus de Philippe le Hardi, quatrième fils du roi Jean, et de Bonne de Luxembourg, sa première femme).*

ENFANTS NATURELS DE JEAN SANS PEUR............ 111

1. Jean, bâtard de Bourgogne ; 2. Guy, bâtard de Bourgogne; 3. Philippe, bâtarde de Bourgogne.

Seigneurs d'Amerval.

Pages.

1. JEAN, BATARD DE BOURGOGNE, fils naturel du duc Jean sans Peur.......................... 112

1° Arnould (A. Cornille, B. Guillaume) ; 2° Jean ; 3° Philippe ; 4° Jean ; 5° Arnould ; 6° Elisabeth ; 7° Marguerite ; 8° Goëde.

2. JEAN DE BOURGOGNE, seigneur de Herlaer, Amerval et Montricourt.......................... 113

1° Philippe ; 2° Geoffroy ; 3° Charles ; 4° Marguerite.

3. GEOFFROY DE BOURGOGNE, seigneur d'Amerval... 115

1° Charles ; 2° Philippe ; 3° Catherine ; 4° Antoinette ; 5° Marie.

4. PHILIPPE DE BOURGOGNE, dit aussi JOSSE........ 115

1° Philippe ; 2° Jeanne ; 3° Maximilienne.

ENFANTS NATURELS DE PHILIPPE LE BON, DUC DE BOURGOGNE.......................... 116

1° Cornille, appelé le Grand Bâtard de Bourgogne ; 2° Philippe ; 3° Antoine ; 4° David ; 5° Philippe ; 6° Raphaël ; 7° Jean ; 8° Baudoin ; 9° Marie ; 10° Anne ; 11° Yolande ; 12° Cornille ; 13° Marie ; 14° Catherine ; 15° Madeleine ; 16° Marguerite.

Branche des Seigneurs de Beures.

1. ANTOINE, dit LE GRAND BATARD DE BOURGOGNE .. 118

1° Philippe ; 2° Jeanne ; 3° Marie ; 4° N... ; *Fils naturel :* 5° Antoine.

2. PHILIPPE DE BOURGOGNE, seigneur de Beures, etc. 120

1° Adolphe ; 2° Madelaine ; 3° Anne ; 4° Marguerite.

3. ADOLPHE DE BOURGOGNE.......................... 120

1° Philippe ; 2° Maximilien ; 3° Jacqueline ; 4° Anne ; 5° N... ; 6° Antoinette ; *Enfant naturel :* 7° Philippe.

4. MAXIMILIEN DE BOURGOGNE.......................... 122

Seigneurs de Wacquen.

Pages.

2. ANTOINE DE BOURGOGNE, seigneur de la Chapelle et de Wacquen 122
   1° Adolphe; 2° Antoine; 3° André; 4° Anne.
3. ANTOINE DE BOURGOGNE, seigneur de Wacquen, etc. 123
   1° Antoine; 2° Isabelle; 3° Anne; 4° Marie.
4. ANTOINE DE BOURGOGNE 124
   1° Antoine; 2° Charles; 3° Frédéric; 4° Emmanuel; 5° Jean-François; 6° Antoine; 7° Anne; 8° Eléonore, etc.
5. CHARLES DE BOURGOGNE, comte de Wacquen 124
6. GUILLAUME-CHARLES-LOUIS DE BOURGOGNE....... 125
7. GUILLAUME-CHARLES-FRANÇOIS DE BOURGOGNE ... 125

Branche bâtarde des Seigneurs de Falais.

1. BAUDOUIN, BATARD DE BOURGOGNE, seigneur de Falais, etc. 125
   1° Philippe de Bourgogne; 2° Charles; 3° Maximilien de Bourgogne; 4° Madeleine de Bourgogne; 5° François, seigneur de Neuvèvre; 6° Baudoin; 7° Marine; 8° N...
2. CHARLES DE BOURGOGNE, seigneur de Falais, etc. 127
   1° Jacques de Luxembourg; 2° Jean de Bourgogne; 3° Pierre de Bourgogne; 4° Charles; 5° Antoine; 6° Françoise de Bourgogne; 7° Hélène de Bourgogne.
3. CHARLES DE BOURGOGNE, seigneur de Lommerdick. 128
   1° Herman; 2° Jean de Bourgogne, baron de Sevenwissen.
4. HERMAN DE BOURGOGNE, comte de Falais, seigneur de Sommerdick, etc. 129
   1° Philippe et Félix; 2° Marguerite de Bourgogne; 3° Claire de Bourgogne; 4° Isabelle de Bourgogne; 5° Hélène de Bourgogne; 6° Yolande de Bourgogne.

Pages.

Seigneurs de Bredan.

3. ANTOINE DE BOURGOGNE, seigneur de Bredan...... 130
1° Pierre; 2° Charles, seigneur de Bredan; 3° Yolande de Bourgogne.

4. PIERRE DE BOURGOGNE, seigneur de Bredan...... 130
1° Antoine; 2° Louis de Bourgogne, seigneur de Bergile; 3° Adrien-Conrad de Bourgogne, etc.; 4° Jeanne de Bourgogne, etc.

5. ANTOINE DE BOURGOGNE, seigneur de Fromont, etc. 131

CHAPITRE X

Ducs de Brabant *(Issus d'Antoine de Bourgogne, duc de Brabant, de Lothier, de Luxembourg et de Limbourg, deuxième fils de Philippe le Hardi, duc de Bourgogne).*

ENFANTS NATURELS DE PHILIPPE, DUC DE BRABANT... 133
1° Antoine, bâtard de Brabant; 2° Philippe, bâtard de Brabant; 3° Isabeau, bâtarde de Brabant.

CHAPITRE XI

Comtes de Nevers *(Issus de Philippe de Bourgogne, comte de Nevers, troisième fils de Philippe le Hardi, duc de Bourgogne).*

ENFANTS NATURELS DE CHARLES DE BOURGOGNE, COMTE DE NEVERS.................................. 135
1° Guillaume, né d'Héliotte Miraillet; 2° Jean, né de Bonne de Saulieu; 3° Adrienne, née d'Yolande Le Long (1° Claude de Rochefort, 2° Jacques de Cluny).

ENFANTS NATURELS DE JEAN DE BOURGOGNE, COMTE DE NEVERS.................................. 136
1° Jean, bâtard de Bourgogne; 2° Pierre, bâtard de Nevers; 3° Philippe, bâtard de Nevers; 4° Gérard, bâtard de Nevers.

CHAPITRE XII

Comtes d'Angoulême *(Issus de Jean d'Orléans, comte d'Angoulême, fils puîné de Louis de France, duc d'Orléans, et de Valentine de Milan).*

Pages.

ENFANTS NATURELS DE JEAN D'ORLÉANS, COMTE D'ANGOULÊME.......... 137

1° Jean, bâtard d'Angoulême.

ENFANTS NATURELS DE CHARLES D'ORLÉANS, COMTE D'ANGOULÊME.......... 137

1° Jeanne, bâtarde d'Angoulême ; 2° Madeleine, bâtarde d'Angoulême ; 3° Souveraine, bâtarde d'Angoulême.

CHAPITRE XIII

Maison royale de Bourbon *(Issue de Robert de France, comte de Clermont en Beauvoisis, chambrier de France, sixième fils de saint Louis et de Marguerite de Provence).*

Ducs de Bourbon.

FILS NATUREL DE PIERRE Ier, DUC DE BOURBON...... 139

ENFANTS NATURELS DE PIERRE Ier, DUC DE BOURBON.. 140

1° Jean, bâtard de Bourbon, chevalier, seigneur de Rochefort, etc.; 2° Jeannette, bâtarde de Bourbon.

ENFANTS NATURELS DE LOUIS II, DUC DE BOURBON.... 141

1° Hector, bâtard de Bourbon ; 2° Perceval de Bourbon, chevalier.

ENFANTS NATURELS DE JEAN Ier, DUC DE BOURBON.... 142

1° Jean, bâtard de Bourbon ; 2° Alexandre, bâtard de Bourbon ; 3° Guy, bâtard de Bourbon ; 4° Marguerite, bâtarde de Bourbon ; 5° Edmée, bâtarde de Bourbon ; 6° Jeanne.

ENFANT NATUREL DE CHARLES, CARDINAL DE BOURBON, ARCHEVÊQUE DE LYON.......... 144

Pages.

ENFANTS DE LOUIS DE BOURBON, PRINCE-ÉVÊQUE DE LIÈGE 145

1° Pierre de Bourbon; 2° Louis de Bourbon; 3° Jacques de Bourbon.

ENFANTS NATURELS DE CHARLES Ier, DUC DE BOURBON. 151

1° Louis, bâtard de Bourbon, comte de Roussillon et de Lagny, etc.; 2° Renaud, bâtard de Bourbon; 3° Pierre, bâtard de Bourbon, seigneur de Bois-d'Yoin; 4° Jeanne, bâtarde de Bourbon; 5° Sidoine, bâtarde de Bourbon; 6° Charlotte, bâtarde de Bourbon; 7° Catherine, bâtarde de Bourbon.

ENFANTS NATURELS DE JEAN II, DUC DE BOURBON.... 155

1° Mathieu, bâtard de Bourbon, seigneur de Bothéon, en Forez, etc.; 2° Charles, bâtard de Bourbon; 3° Hector, bâtard de Bourbon; 4° Marie, bâtarde de Bourbon; 5° Marguerite, bâtarde de Bourbon; 6° Pierre, bâtard de Bourbon.

CHAPITRE XIV

Comtes de Montpensier *(Issus de Louis de Bourbon, comte de Montpensier, troisième fils de Jean Ier, duc de Bourbon, et de Marie de Berry).*

FILLE NATURELLE DE CHARLES III, DUC DE MONTPENSIER 157

CHAPITRE XV

Comtes de la Marche *(Issus de Jacques de Bourbon, comte de la Marche et de Ponthieu, troisième fils de Louis Ier, duc de Bourbon, et de Marie de Hainaut).*

FILS NATUREL DE JEAN DE BOURBON, COMTE DE LA MARCHE 159

FILS NATUREL DE JACQUES DE BOURBON, DEUXIÈME DU NOM, COMTE DE LA MARCHE........ 160

Pages.

CHAPITRE XVI

Comtes de Vendôme *(Issus de Louis de Bourbon, deuxième fils de Jean de Bourbon, comte de la Marche, et de Catherine, comtesse de Vendôme).*

ENFANT NATUREL DE LOUIS DE BOURBON, COMTE DE VENDÔME 161

1° Jean de Vendôme ; 2° François de Vendôme ; 3° Jacques de Vendôme; 4° Louise de Vendôme; 5° Mathurine de Vendôme ; 6° Marie de Vendôme.

ENFANTS NATURELS DE JEAN II DE BOURBON, COMTE DE VENDÔME........................... 163

1° Jacques, bâtard de Vendôme; 2° Louis de Bourbon, bâtard de Vendôme.

FILS NATUREL DE FRANÇOIS DE BOURBON, COMTE DE VENDÔME........................... 163

FILS NATUREL DE CHARLES, CARDINAL DE BOURBON (CHARLES X)........................... 164

FILS NATUREL DE JEAN DE BOURBON, COMTE DE SOISSONS ET D'ENGHIEN........................... 164

FILS NATUREL DE CHARLES DE BOURBON, DUC DE VENDÔME........................... 164

CHAPITRE XVII

Seigneurs de Carency *(Issus de Jean de Bourbon, troisième fils de Jean de Bourbon, comte de la Marche, et de Catherine, comtesse de Vendôme).*

ENFANTS NATURELS DE JEAN Ier DE BOURBON, SEIGNEUR DE CARENCY EN ARTOIS, ET DE JEANNE DE VENDÔMOIS, fille d'Hamelin de Vendômois et d'Alix de Resse, et femme de Gervais Roussart........................... 167

1° Louis de Bourbon, seigneur de l'Ecluse ; 2° Jean de Bourbon ; 3° Jeanne de Bourbon.

Pages.

FILLE NATURELLE DE PIERRE DE BOURBON, SEIGNEUR DE CARENCY 168

CHAPITRE XVIII

Princes de La Roche-sur-Yon *(Issus de Louis de Bourbon, deuxième fils de Jean II de Bourbon, comte de Vendômois, et d'Isabeau de Beauvau).*

FILS NATUREL DE LOUIS DE BOURBON, PRINCE DE LA ROCHE-SUR-YON 169

CHAPITRE XIX

Vicomtes de Lavedan et Marquis de Malause

Vicomtes de Lavedan.

1. CHARLES, BATARD DE BOURBON, baron de Caudes-Aigues, etc. 171

1° Hector de Bourbon, vicomte de Lavedan; 2° Jean; 3° Jacques de Bourbon; 4° Gaston de Bourbon.

2. JEAN DE BOURBON, vicomte de Lavedan, etc...... 172

1° Anne; 2° Manaud de Bourbon, baron de Barbazan.

3. ANNE DE BOURBON, vicomte de Lavedan, baron de Beauvau 174

1° Jean-Jacques; 2° Jeanne de Bourbon; 3° Jeanne de Bourbon; 4° Madeleine de Bourbon; *Enfant naturel:* 5° Anne de Lavedan.

4. JEAN-JACQUES DE BOURBON, vicomte de Lavedan. 175

Marquis de Malause *(Issus des vicomtes de Lavedan).*

3. HENRI DE BOURBON, baron de Malause........... 175

1° Henri; 2° Elie de Bourbon; 3° Jacques de Bourbon; 4° Madeleine de Bourbon; 5° Françoise de Bourbon.

Pages.

4. Henri de Bourbon, marquis de Malause (par érection de Henri IV), vicomte de Lavedan 177
1° Louis ; 2° Madeleine ; 3° Victoire de Bourbon.

5. Louis de Bourbon, marquis de Malause......... 177
1° Henri de Bourbon ; 2° Madeleine de Bourbon ; 3° Guy-Henri ; 4° Armand de Bourbon ; 5° Louis de Bourbon ; 6° Charlotte de Bourbon ; 7° Henriette de Bourbon ; *Enfant naturel :* 8° Louis, bâtard de Bourbon-Malause.

6. Guy-Henri de Bourbon, marquis de Malause, vicomte de Lavedan...................... 179
1° Marie-Geneviève-Henriette-Gertrude de Bourbon ; 2° Louis-Auguste ; 3° Armand ; 4° Arnaud de Bourbon.

7. Louis-Auguste de Bourbon, marquis de Malause, vicomte de Lavedan, etc.................. 180

8. Armand de Bourbon, comte de Malause.......... 181

Branche des barons de Basian *(Issue de celle de Lavedan).*

2. Gaston de Bourbon, seigneur de Basian........ 180
1° Jean ; 2° ...

3. Jean de Bourbon, baron de Basian............. 182
1° Samuel ; 2° Catherine de Bourbon.

4° Samuel de Bourbon, baron de Basian........... 182

5. Gédéon de Bourbon, baron de Basian........... 182
1° Louis ; 2° Benjamin de Bourbon ; 3° Anne de Bourbon ; 4° Anne-Louise de Bourbon ; 5° Catherine de Bourbon.

6. Louis de Bourbon, baron de Basian............. 183

7. N... de Bourbon, baron de Basian.............. 183

Pages.

CHAPITRE XX

Branche de Bourbon-Vendôme, seigneurs de Ligny et de Rubempré *(Issue de Jean de Bourbon, comte de Vendôme).* Chapitre XVI, § 2.

1. JACQUES, BATARD DE VENDÔME 185
1° Claude; 2° André de Bourbon.

CHAPITRE XXI

Maison royale de Bourbon *(suite)*

La famille royale *(Issue d'Antoine de Bourbon, roi de Navarre, duc de Vendôme, fils aîné de Charles de Bourbon, duc de Vendôme, et de Françoise d'Alençon).*

ENFANT NATUREL D'ANTOINE DE BOURBON, ROI DE NAVARRE 193

ENFANTS NATURELS DE HENRI IV 194
1° ...; 2° ...

ENFANTS NATURELS DE HENRI IV, ROI DE FRANCE, ET DE LA DUCHESSE DE BEAUFORT 195
3° César, duc de Vendôme; 4° Alexandre de Bourbon, chevalier de Vendôme; 5° Catherine-Henriette de Bourbon.

ENFANTS NATURELS DE HENRI IV ET DE LA MARQUISE DE VERNEUIL 197
6° ...; 7° Henri de Bourbon, duc de Verneuil; 8° Gabrielle-Angélique de Bourbon.

ENFANT NATUREL DE HENRI IV ET DE LA COMTESSE DE MORET 199
9° Antoine de Bourbon, comte de Moret.

ENFANTS NATURELS DE HENRI IV ET DE LA COMTESSE DE ROMORANTIN 201
10° Jeanne-Baptiste de Bourbon; 11° Marie-Henriette de Bourbon.

Pages.

ENFANTS NATURELS DE GASTON, DUC D'ORLÉANS, troisième fils de Henri IV, non légitimés...... 202

1° Louis, bâtard d'Orléans; 2° Marie, bâtarde d'Orléans.

ENFANTS NATURELS DE LOUIS XIV 203

1° ...

ENFANTS NATURELS DE LOUIS XIV ET DE LA DUCHESSE DE LA VALLIÈRE 203

2° Charles ; 3° Philippe ; 4° Louis ; 5° ...; 6° Louis de Bourbon ; 7° Marie-Anne de Bourbon.

ENFANTS NATURELS DE LOUIS XIV ET DE LA MARQUISE DE MONTESPAN 206

8° N...; 9° Louis-Auguste de Bourbon; 10° Louis-César de Bourbon; 11° Louis-Alexandre de Bourbon; 12° N...; 13° Louise-Françoise de Bourbon; 14° Louise-Marie-Anne de Bourbon; 15° François-Marie de Bourbon; 16° N..., fils.

ENFANT NATUREL DE LOUIS DE FRANCE, GRAND DAUPHIN, fils aîné de Louis XIV 212

ENFANT NATUREL DE CHARLES DE FRANCE, DUC DE BERRY, troisième fils du grand Dauphin, qui précède 213

ENFANTS NATURELS DE LOUIS XV 213

1° Louis-Aimé ; 2° M. de Bourbon-Créquy ; 3° Benoist le Duc ; 4° Emmanuel-Jean-Marie Langlois de Villepaille ; 6° d'Orvigny ; 7° N...; 8° Mademoiselle de Saint-André ; 8° ...?

ENFANTS NATURELS DE CHARLES-FERDINAND DE FRANCE, DUC DE BERRY, deuxième fils de Charles X 216

1° Charlotte-Marie-Augustine de Bourbon ; 2° Louise-Marie-Charlote de Bourbon.

Pages.

CHAPITRE XXII

Branche d'Orléans *(Issue de Philippe de France, deuxième fils de Louis XIII).*

ENFANTS NATURELS DE PHILIPPE D'ORLÉANS, DUC D'ORLÉANS, régent de France.................. 217

1° N...; 2° Charles de Saint-Albin : 3° Jean-Philippe ; 4° Philippe-Angélique de Froissy.

ENFANTS NATURELS DE LOUIS-PHILIPPE Ier, DUC D'ORLÉANS.................................. 219

1° L'abbé Louis-Etienne de Saint-Farre ou Saint-Phar ; 2° l'abbé Louis-Philippe de Saint-Albin ; 3° Mademoiselle de Villemonble.

CHAPITRE XXIII

Princes de Condé *(Issus de Louis de Bourbon, prince de Condé, septième fils de Charles de Bourbon, duc de Vendôme).*

ENFANT NATUREL DE FRANÇOIS DE BOURBON, PRINCE DE CONTY.................................. 221

ENFANT NATUREL DE HENRI Ier DE BOURBON, PRINCE DE CONDÉ.................................. 221

ENFANT NATUREL DE HENRI-JULES DE BOURBON, PRINCE DE CONDÉ, DUC DE BOURBON................ 222

ENFANTS NATURELS DE CHARLES DE BOURBON, COMTE DE CHAROLAIS.............................. 223

1° Marie-Marguerite de Bourbon-Charolais; 2° Charlotte-Marguerite-Elisabeth de Bourbon-Charolais ; 3° N...

ENFANTS NATURELS DE LOUIS DE BOURBON, PRINCE DE CLERMONT................................ 224

ENFANT NATUREL DE LOUIS III DE BOURBON, PRINCE DE CONDÉ................................. 224

ENFANT NATUREL DE LOUIS-HENRI DE BOURBON, PRINCE DE CONDÉ.............................. 225

Pages.

ENFANT NATUREL DE LOUIS-JOSEPH DE BOURBON, PRINCE DE CONDÉ........................ 225

ENFANTS NATURELS DE LOUIS-HENRI-JOSEPH DE BOURBON, DERNIER PRINCE DE CONDÉ............. 226

1° Adélaïde-Charlotte-Louise ; 2° Louise-Charlotte-Aglaé.

CHAPITRE XXIV

Comtes de Soissons *(Issus de Charles de Bourbon, comte de Soissons. quatrième fils de Louis Ier, prince de Condé).*

FILLES NATURELLES DE CHARLES DE BOURBON, COMTE DE SOISSONS ET DE DREUX.................. 227

1° Charlotte, bâtarde de Soissons ; 2° Catherine, bâtarde de Soissons.

FILS NATUREL DE LOUIS DE BOURBON, COMTE DE SOISSONS, tué à la Marfée, et le dernier du nom. 228

1° Louise-Léontine-Jacqueline de Bourbon, de Soissons, etc.; 2° Marie-Anne-Charlotte de Bourbon-Soissons.

CHAPITRE XXV

Princes de Conty *(Issus d'Armand de Bourbon, deuxième fils de Henri II de Bourbon, prince de Condé.*

ENFANTS NATURELS DE LOUIS-FRANÇOIS DE BOURBON, PRINCE DE CONTY....................... 231

1° François-Claude-Fauste de Bourbon ; 2° Marie-François-Félix de Bourbon ; 3° Louis-François.

CHAPITRE XXVI

Branche de Bourbon-Vendôme *(Issue de Henri IV).*

I. HENRI IV, ROI DE FRANCE ET DE NAVARRE....... 233

Pages.

1° César ; 2° Alexandre de Bourbon ; 3° Catherine-Henriette de Bourbon.

2. César de Bourbon, duc de Vendôme 234

1° Louis ; 2° François de Vendôme, duc de Beaufort ; 3° Elisabeth de Vendôme.

3. Louis de Bourbon, duc de Vendôme 238

1° Louis-Joseph ; 2° Philippe de Bourbon-Vendôme ; 3° Jules-César de Bourbon-Vendôme ; 4° Françoise d'Anet.

4. Louis-Joseph de Bourbon, duc de Vendôme 244

CHAPITRE XXVII

Branche de Bourbon du Maine

(Issue de Louis XIV).

1. ...

2. Louis-Auguste de Bourbon 251

1° Louis-Constantin de Bourbon ; 2° Louis-Auguste de Bourbon ; 3° Louis-Charles de Bourbon ; 4° N... de Bourbon ; 5° N... de Bourbon ; 6° N... de Bourbon ; 7° Louise-Françoise de Bourbon.

CHAPITRE XXVIII

Branche de Bourbon-Toulouse

(Issue de Louis XIV).

1. ...

2. Louis-Alexandre de Bourbon, *enfant naturel*... 257

3 Louis-Jean-Marie de Bourbon.................. 259

1° Louis-Marie de Bourbon ; 2° Louis-Alexandre-Joseph-Stanislas ; 3° Jean-Marie de Bourbon ; 4° Vincent-Marie-Louis de Bourbon ; 5° Louis-Marie-Félicité de Bourbon ; 6° Marie-Louise de Bourbon ; 7° Louise-Marie-Adélaïde de Bourbon.

4. Louis-Alexandre-Joseph-Stanislas de Bourbon. 262

Pages.

CHAPITRE XXIX

Comtes de Dreux.

DUCS DE BRETAGNE.............................. 267

FILS NATUREL DE JEAN III, DUC DE BRETAGNE....... 267

ENFANTS NATURELS DE GILLES DE BRETAGNE, seigneur de Chantocé, étranglé au château de la Hardouinaie, le 25 avril 1450, par ordre de François Ier, duc de Bretagne, son frère aîné.... 268

1° Edouard, bâtard de Bretagne; 2° Guillaume, bâtard de Bretagne.

FILS NATUREL DE JEAN IV DE BRETAGNE............ 268

FILLE NATURELLE DE FRANÇOIS Ier, DUC DE BRETAGNE. 269

FILLE NATURELLE DE PIERRE II, DUC DE BRETAGNE... 269

FILLE NATURELLE D'ARTUS III, DUC DE BRETAGNE.... 269

ENFANTS NATURELS DE FRANÇOIS II, DUC DE BRETAGNE 269

1° François; 2° Antoine; 3° N... et N...

Comtes de Vertus, *Bâtards de Bretagne.*

1. FRANÇOIS, BATARD DE BRETAGNE................ 271

1° Francois; 2° N...; 3° N...; 4° Anne de Bretagne.

2. FRANÇOIS DE BRETAGNE 271

1° François de Bretagne; 2° Odet; 3° François; 4° Louise de Bretagne; 5° Madeleine de Bretagne.

3. ODET DE BRETAGNE, COMTE DE VERTUS, etc....... 272

1° Charles; 2° François de Bretagne; 3° Renée de Bretagne; 4° Françoise de Bretagne.

4° CHARLES DE BRETAGNE, COMTE DE VERTUS, etc... 272

1° Claude; 2° Antoinette de Bretagne.

5. CLAUDE DE BRETAGNE, COMTE DE VERTUS, etc..... 273

1° Louis de Bretagne; 2° Claude; 3° N...; 4° Marie de Bretagne; 5° Catherine-Françoise de

Pages.

Bretagne ; 6° Françoise-Philippe de Bretagne ; 7° Constance de Bretagne ; 8° Marguerite-Angélique de Bretagne ; 9° Madeleine de Bretagne ; 10° Anne de Bretagne ; 11° Marie-Claire de Bretagne ; *Enfant naturel* : 12° Charles d'Avaugour.

6. CLAUDE DE BRETAGNE, COMTE DE VERTUS, etc..... 275

1° Armand-François ; 2° Henri-François ; 3° N... ; 4° Anne-Agathe de Bretagne ; 5° Marie-Claire-Geneviève ; 6° Angélique de Bretagne ; 7° Catherine-Barthélemy-Simone de Bretagne.

7. ARMAND-FRANÇOIS DE BRETAGNE 276

CHAPITRE XXX

Seigneurs de Courtenay................. 277

Seigneurs du Chesne et de Changy 278

Bâtards de Courtenay.

1° JEAN DE COURTENAY, SEIGNEUR DE CHAMPIGNELLES, etc.......................... 278

1° Pierre ; 2° Laurence.

2. PIERRE, BATARD DE COURTENAY................. 279

1° Jacques ; 2° Léon de Courtenay ; 3° Aimée de Courtenay.

3. JACQUES DE COURTENAY, SEIGNEUR DES ESVES, DU CHÊNE, etc.............................. 279

1° François ; 2° Jacques ; 3° Françoise ; 4° Lucrèce ; 5° Marguerite ; 6° Jeanne.

4. JACQUES DE COURTENAY, SEIGNEUR DU CHÊNE, etc. 280

1° Jacques ; 2° Joseph ; 3° Claude ; 4° Agnès.

5. JACQUES DE COURTENAY, SEIGNEUR DU CHÊNE, CHANGY, etc.............................. 281

1° François ; 2° Jacques ; 3° Joseph ; 4° Geneviève ; 5° Marie ; 6° Léonore ; 7° Angélique.

Pages.

6. François de Courtenay, seigneur de Changy... 281
1° Louis ; 2° Louise-Marie ; 3° Marie ; *Fils naturel :* 4° Charles.

7. Joseph de Courtenay, seigneur de Montcelart et de Moulaines........................ 282
1° Jean-Marie ; 2° Catherine ; 3° Jeanne ; 4° Marguerite; 5° Marie-Anne, Geneviève et Françoise.

8. Jean-Marie de Courtenay, seigneur de Montcelart.............................. 283

Enfants naturels de Gaspard de Courtenay, seigneur de Bléneau......................... 283
1° Gaspard ; 2° Edme.

FIN DE LA TABLE DES MATIÈRES

Beauvais. — Imprimerie A. Schmutz, 27, rue Saint-Pantaléon.

www.ingramcontent.com/pod-product-compliance
Ingram Content Group UK Ltd.
Pitfield, Milton Keynes, MK11 3LW, UK
UKHW012157240726
13966UKWH00002B/399